Silvia Buffagni
LA MUSICA DELLE PIANTE

Progetto grafico: Daniele Giannusa
Foto: Silvia Buffagni

ISBN: 9788890863752

Devodama Srl, Vidracco (TO), Italy
www.musicoftheplants.com

Silvia "Esperide" Buffagni ricercatrice spirituale, scrittrice e docente di innovazione, vive nella Federazione di Comunità di Damanhur, in Piemonte, dove conduce ricerche sulle energie vitali della natura.

La Musica delle Piante

Indice

Per chi suonano le piante

Le piante percepiscono il suono e, se messe in condizione di farlo, amano suonare. Ancora poche decine di anni fa un'affermazione di questo genere sarebbe suonata strana, frutto di autosuggestione o di troppa creduloneria; oggi, invece, sono tante le esperienze che mostrano in tutta evidenza che le nostre amiche verdi hanno – in modo simile al nostro – capacità di ascolto e persino di "composizione musicale". La Musica delle Piante fa parte del più vasto campo di ricerche nel campo della comunicazione con il mondo vegetale. Comunicare con le piante è una realtà sia per i ricercatori che da anni ne fanno oggetto di esperienza, come quelli della Devodama, – la società di Damanhur , Federazione di Comunità, che si occupa di comunicazione con il mondo vegetale – sia per tante persone sensibili che amano le proprie piante e che dedicano loro ogni giorno cura e attenzione, attingendo non solo alle proprie conoscenze botaniche – più acqua, più luce, meno vento... – ma anche (e forse soprattutto) a ciò che il cuore detta loro: «Oggi questa pianta ha voglia di essere annaffiata, la vicina no.»

1

Per queste persone, il rapporto con le piante d'appartamento, con quelle sul balcone, con i cespugli e gli alberi del giardino è sicuramente un rapporto di comunicazione e scambio, che influisce sugli stati d'animo e ne è influenzato. Ritrovare la pace in mezzo al verde dipende dal rilassamento e dall'effetto cromatico rilassante ma anche dall'empatia che sappiamo creare con le piante che ci circondano e con le quali entriamo in relazione. Chi non ha mai fatto l'esperienza di sentirsi meglio dopo aver accarezzato una foglia o un tronco? Chi non ha mai avuto l'esperienza di avere di colpo un'idea, un'intuizione, proprio mentre stava occupandosi delle proprie piantine, come se esse avessero percepito un interrogativo e suggerito una risposta? Se guardiamo bene dentro di noi, è capitato, capita a tutti, poiché tutti siamo sensibili al mondo vegetale e con tutti il mondo vegetale è disponibile a comunicare e a incontrarsi. Questo libretto invita quindi tutti in un viaggio nella dimensione della Musica delle Piante, perché il mondo vegetale suona per tutti noi, affinché a tutti giunga il suo messaggio di amicizia, pace e consapevolezza.

S.P.

"Se vogliamo raggiungere i nostri obiettivi, dobbiamo trovare la soluzione in un punto molto profondo dentro di noi, da quel tipo di relazione con la Natura che aveva San Francesco, un rapporto che non permette che esista nessuna crudeltà nei confronti della salute del nostro pianeta.

Ogni pianta ha il suo canto; una sua melodia, un suo ritmo, una sua armonia...

La Musica delle Piante dimostra che c'è molto di più tra cielo e terra di quello che ci raccontano le nostre filosofie, che sono troppo limitate."

2

Ashok Khosla, all'epoca Presidente dell'*Unione Internazionale per la Conservazione della Natura* (IUCN), durante una dimostrazione di *Musica delle Piante* alla Climate Change Conference COP15 a Copenhagen nel 2009.

Piante, percezione e ricerca

Oltre 40 anni fa, un gruppo di ricercatori si mise all'opera per rispondere ad alcune interessanti domande nel campo della "intelligenza vegetale". Erano cittadini di Damanhur, una comunità innovativa sulle colline che contornano Ivrea, nata per sperimentare un modo di vivere in armonia con ogni forma di vita ed energia che condivide con noi il nostro pianeta. È in questo ambito che nasce Devodama. Le domande che si posero erano così al di fuori del modo di pensare comune che, ancora oggi, al solo porle creano forte reazioni: "E se le piante potessero interagire in maniera senziente con l'ambiente e quindi anche con gli esseri umani? Se fosse possibile comunicare con loro? Magari attraverso emozioni trasmesse con la musica?"

Da questa ardita ipotesi presero vita le ricerche sulla *Musica delle Piante*, che hanno portato oggi Devodama a creare un apparecchio che consente a fiori e alberi di produrre musica modificando la conduttività elettrica delle loro foglie e radici. Innumerevoli prove, molti prototipi e trasformazioni della tecnologia di base per renderla sempre più accurata: questi quarant'anni di esperimenti sembrano indicare che le piante comprendano di essere loro a determinare la sequenza sonora emessa dall'apparecchio e che quindi la modulino intenzionalmente. Non si limitano a reagire agli stimoli dell'ambiente circostante, ma possono essere "addestrate" a utilizzare sempre meglio l'apparecchio, per suonare a loro volta rispondendo alla voce umana o a strumenti suonati da musicisti. Le piante "ricordano" l'addestramento, e nel tempo imparano ad interagire in maniera sempre più sofisticata e precisa con il pubblico. Infine, piante ben allenate, capaci di suonare con maestria, sono poi in grado di insegnare ad altre, riducendo in maniera significativa i loro tempi di apprendimento rispetto all'addestramento condotto da umani.

Le piante hanno nel loro patrimonio genetico un numero maggiore di geni destinati alla percezione dell'ambiente di quanti ne abbia la maggioranza degli animali, perché devono essere in grado di reagire in maniera molto veloce, non potendo alzarsi e scappare in caso di pericolo. E tra i numerosi sensi scoperti nelle piante, la possibilità che esista qualcosa di paragonabile all'udito si sta affermando sempre di più. In particolare, l'ipotesi che le piante possano percepire suoni è correntemente esplorata da due ricercatori dell'Università della Western Australia, Monica Gagliano e Michael Renton, autori di uno studio pubblicato nel maggio 2013 sulla rivista scientifica BMC Ecology[1]. La loro scoperta indicherebbe che le piante possono non solo "odorare" sostanze chimiche e "vedere" la luce emessa dai loro vicini, che sono modalità di comunicazione già note, ma persino "ascoltare i suoni" emessi da altre piante.

1. "Love thy Neighbour: facilitation through an alternative signalling modality in plants" BMC Ecology 2013, 7 Maggio 2013.

Da sempre gli agricoltori sanno che lo sviluppo delle piante è influenzato dalla presenza di altri vegetali nella stessa zona, perché le piante possono entrare in competizione per le risorse disponibili, inibendo la crescita delle rivali, oppure cooperare a vantaggio reciproco, attirando insetti benefici o integrando gli elementi chimici presenti nel terreno. Finora si pensava che la comunicazione tra le piante fosse solo chimica o magnetica, ma potrebbe essere invece anche sonora, a frequenze che l'orecchio umano non può sentire. In un esperimento citato dai due ricercatori, semi di peperoncino *(Capsicum annuum)* isolati in una scatola nera che bloccava la luce e ogni possibile comunicazione chimica e magnetica, sono germogliati lentamente quando i semi non avevano altre piante nelle vicinanze; normalmente, se vicini ad altre piante di Capsicum; velocemente, nei pressi di piante di basilico, noto per essere un alleato naturale. La crescita era poi ancora più veloce se avveniva vicino a piante di finocchio, pianta antagonista che rilascia sostanze chimiche che rallentano la crescita delle altre, come provato da un precedente esperimento della dottoressa Gagliano e i suoi colleghi nel 2012. In quell'occasione, i ricercatori scoprirono che anche il finocchio sembra rendere nota la sua presenza con una qualche forma di comunicazione acustica. I ricercatori misero del finocchio in una scatola di plastica per bloccare ogni forma di comunicazione chimica, e scoprirono che anche così il peperoncino nelle vicinanze cresceva molto più velocemente del normale.

I ricercatori teorizzano che le piante di Capsicum "sapevano" che il finocchio era nelle vicinanze a causa di segnali sonori non bloccati dalla scatola, e sono cresciute più rapidamente per proteggere se stesse in previsione del consueto attacco chimico dal finocchio. In quell'occasione i ricercatori scoprirono anche che le radici del mais emettono un ticchettio costante a 220 Hertz.

Riproducendo un suono simile in laboratorio notarono che le radici delle nuove piantine crescevano nella direzione del rumore, così come le piante crescono verso la luce.

«I nostri risultati dimostrano che le piante sono in grado di influenzare positivamente la crescita dei semi di altre specie attraverso qualche meccanismo ancora sconosciuto», scrivono i ricercatori, *«e riteniamo che la risposta abbia a che fare con dei segnali acustici generati utilizzando oscillazioni nanomeccaniche provenienti dall'interno delle cellule, che permetterebbero rapide comunicazioni con le piante vicine. Se si tratta di un'ulteriore modalità che le piante usano per comunicare, allora ci si potrebbe aspettare che sia diffusa ovunque. Le piante sono organismi molto più complessi di quanto pensiamo.»*

Una fonte di energia acustica che ha speciale importanza per le piante è, naturalmente, il suono prodotto dagli insetti, soprattutto quelli che potrebbero attaccarle. Uno studio presentato alla Conferenza della Società Entomologica d'America nel novembre del 1993, da Heidi Appel e Reginald Cocroft dell'Università del Missouri[2], riporta che le vibrazioni causate dal rumore di insetti che si nutrono possono spingere la pianta a emettere difese chimiche. Piante di Arabidopsis thaliana, esposte in precedenza alle vibrazioni del solo suono registrato di un bruco che le masticava, producevano difese chimiche a livelli più elevati quando attaccate davvero da esemplari dello stesso bruco. Nessun aumento delle sostanze di difesa si registrava quando le piante erano esposte al suono del vento, o a quello di altre specie di bruchi che normalmente non le attaccano.

2. "Bad vibrations: Plants respond to leaf vibrations caused by insect herbivore chewing", 13 November 2013, www.esa.confex.com.

Gli autori concludono che: *«Benché il modo in cui le piante percepiscono le vibrazioni meccaniche non sia ancora ben compreso, un percorso che segnali le vibrazioni sembra essere complementare a quello già conosciuto, basato su segnali trasmessi attraverso sostanze volatili o trasportate dal floema. Suggeriamo che tale vibrazione rappresenti un meccanismo di segnalazione a lunga distanza, responsabile dell'induzione sistemica di difese chimiche.»*

Forse finora non abbiamo mai visto un albero

Poter dimostrare che gli alberi non sono solo esecutori di un programma naturale, ma sono capaci di qualcosa paragonabile alle nostre sensazioni, risposte e scelte cambierebbe radicalmente la nostra visione della vita e del nostro pianeta. Il mondo vegetale occupa oltre l'80% della Terra, e ciò che vediamo in superficie è solo il 20% della pianta vera e propria.

Già Charles Darwin ipotizzava che le piante vivessero e funzionassero al contrario degli umani, con la testa sotto terra e il resto del corpo visibile in aria. Per lui, le radici rappresentavano proprio l'equivalente del cervello umano. Con suo figlio Francis eseguì molti esperimenti sulle piante e riuscì a dimostrare che le piante possono percepire la luce, l'umidità, la gravità, la pressione e numerosi altri fattori ambientali, e quindi determinare la traiettoria ottimale per la crescita delle radici. La frase conclusiva del suo ultimo libro "Il potere di movimento nelle piante", del 1880 – che riportava i risultati di due anni di intensa sperimentazione – afferma: *«Non è certo un'esagerazione dire che la punta della radichetta (...) agisce come il cervello di uno degli animali inferiori; (...) riceve impressioni dagli organi di senso e dirige i diversi movimenti.»*

Darwin non visse abbastanza a lungo per riuscire ad affermare questa scoperta nel contesto del mondo scientifico, ma una parte delle ricerche contemporanee, utilizzando le nuove tecnologie a disposizione, sembra dimostrare che la sua ipotesi non era per nulla azzardata e che le radici non servono solo a nutrire la pianta, ma esplorano lo spazio con uno scopo e con intelligenza. Gli scienziati hanno scoperto una "zona di transizione" proprio sopra alla punta della radice, la cui funzionalità può essere paragonata a quella dei neuroni in un cervello umano. In questa zona c'è un'eccezionale attività elettrica e vi sono le stesse molecole presenti nelle cellule muscolari che consentono agli animali di muoversi: lattina e miosina. Le cellule nella zona di transizione agiscono come i neuroni nel cervello degli animali e dell'uomo, che creano connessioni sinaptiche tra le cellule permettendo il complesso scambio di informazioni nei nostri corpi, la percezione, la memoria e il pensiero.

Se potessimo comunicare con le piante e se la vegetazione avesse la capacità di "pensare" e agire di conseguenza, non si potrebbero ipotizzare strategie e azioni comuni per riportare il nostro pianeta verso un equilibrio ecologico? Quanta emozione ci porterebbe scoprire che il regno vegetale, dal quale dipende la nostra sopravvivenza fisica, ha anche una complessità tale da poter co-creare con noi umani il mondo in cui viviamo! Finora non ce ne siamo mai accorti. Forse finora non abbiamo mai visto un albero davvero, perché il tempo in cui questi esseri vivono immersi è molto più lento dello scorrimento che noi percepiamo con i nostri sensi. Forse ancora oggi, pensando al nostro rapporto con il mondo vegetale, non troviamo le risposte perché non sappiamo fare le domande giuste, continuando a rapportare tutto ai sensi e alla fisiologia umana e animale...

Le grandi scoperte devono ancora avvenire

In questo campo così importante, le grandi scoperte devono ancora arrivare. La buona notizia è che stanno cominciando a giungere, creando nuove strade per la ricerca e per la trasformazione di un paradigma che considera gli altri regni naturali inferiori a quello umano, invece che diversi e complementari. Questo modo di pensare, sostenuto anche da visioni religiose che ritengono che Dio fece l'uomo a propria immagine e il resto del Creato al suo servizio, ha condotto a una svalutazione del valore e della dignità della natura, implicitamente sostenendo il nostro diritto al suo sfruttamento.

Tra le scoperte più interessanti di questo ultimo periodo, è di gennaio 2014 la pubblicazione sulla rivista scientifica on-line "Nature Communications Journal", che le piante ricorrono

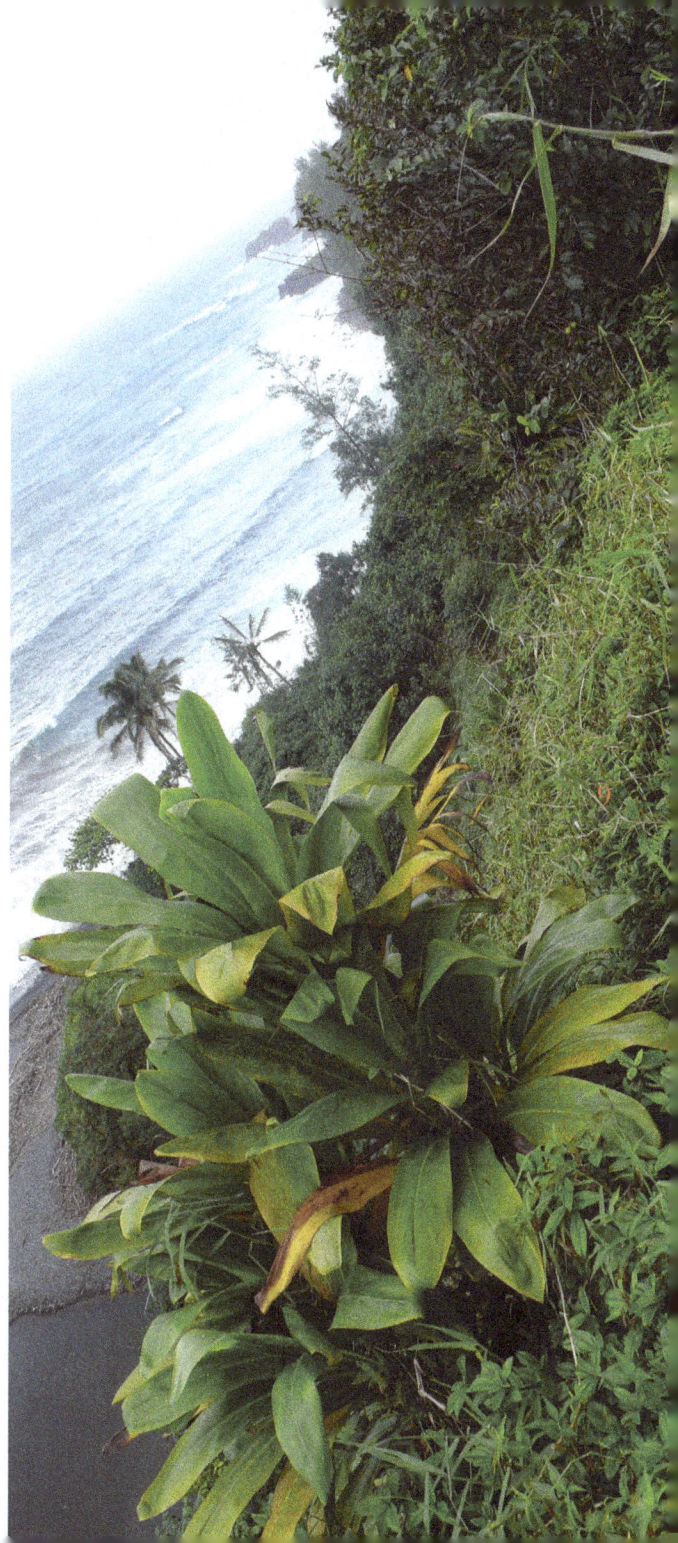

all'entanglement quantistico durante la fotosintesi, per utilizzare al meglio l'energia che ricevono e per rilasciarla dalle foglie con un'efficacia pari quasi al 100%. Uno studio di due ricercatori[3] del Dipartimento di Fisica e Astronomia del Kings College di Londra presenta infatti una caratteristica delle piante che non può essere spiegata dalla fisica classica, ma che risponde abbastanza bene alla meccanica quantistica. Che sistemi biologici possano sfruttare effetti quantistici è una scoperta di enorme portata. Le piante, in un certo senso, sarebbero come dei mini computer quantici in grado di scansionare tutte le opzioni possibili al fine di scegliere i percorsi o le soluzioni più efficienti. Scrivono i due ricercatori: *«(...) i nostri risultati hanno vaste implicazioni nel campo degli effetti quantici in biologia, poiché suggeriscono che indagare la natura non classica delle fluttuazioni molecolari sfruttate in questi processi potrebbe essere la chiave per rivelare caratteristiche quantistiche non trascurabili.»*

Scoperte come questa ci obbligano a renderci conto che ci manca ancora uno schema di riferimento per lo studio della vera natura delle piante, e abbiamo davvero pochi strumenti per comprendere la loro "intelligenza".

Del resto, nemmeno nel caso degli umani siamo sicuri di come poter definire cosa sia l'intelligenza. Passati i tempi in cui si riteneva che la misurazione del Q.I. fornisse un parametro universale, la crescita della consapevolezza umana ha permesso di allargare il campo di ricerca. Si è così aggiunto il concetto di intelligenza emotiva, di quella dei singoli organi – corroborato oltre che da tradizioni millenarie come quella della medicina cinese anche dalle più recenti scoperte che l'intestino e il cuore hanno sistemi nervosi indipendenti da quelli del cervello – fino

3. Edward J. O'Reilly and Alexandra Olaya-Castro, "Non-classicality of the molecular vibrations assisting exciton energy transfer at room temperature", 9 gennaio 2014.

a quella che viene a crearsi per effetto delle interazioni fra le persone all'interno di gruppi e di network. Individuare una definizione di intelligenza che possa includere anche gli altri regni della natura, riconoscendo loro pari dignità nelle evidenti differenze, non è una sfida da poco.

Uno dei criteri su cui la maggioranza dei ricercatori di tanti diversi campi sembra essere d'accordo, è che l'intelligenza debba contenere una capacità di adattamento all'ambiente. Che le piante siano in grado di fare questo è provato dall'osservazione empirica e da molte ricerche. Una notizia[4] del 2012 che ha colpito molti ricercatori è che gli scienziati russi hanno confermato che le piante coltivate sulla Stazione Spaziale Internazionale possono essere mangiate con tranquillità. *«Le piante sono cresciute molto bene, sono assolutamente normali e non differiscono molto da quelle coltivate sulla Terra»*, ha affermato in un'intervista Margarita Levinskikh dell'Istituto di Medicina e Problemi Biologici dell'Accademia Russa delle Scienze. Il progetto futuro per la serra spaziale prevede di piantare vegetali finora mai cresciuti nello spazio, quali peperoni, pomodori e riso. Di quest'ultimo è nota l'intera sequenza genetica e sarà così anche possibile verificare se i geni subiscono o meno delle modifiche. Oltre al positivo effetto psicologico sugli astronauti del potersi occupare di qualcosa di vivo e terrestre, mangiare cibo fresco coltivato in loco ha naturalmente implicazioni straordinarie per la durata delle missioni spaziali. La nostra simbiosi con le piante potrebbe portarci a immaginare nuove frontiere per lo sviluppo di vere e proprie colonie nello spazio: un progetto così ambizioso da avere bisogno di molti tipi di intelligenza... artificiale, umana e vegetale.

4. "Plants Grow Fine Without Gravity. New finding boosts the prospect of growing crops in space or on other planets", di James Owen per National Geographic News, 7 Dicembre,2012, http://news.nationalgeographic.com/news/2012/121207-plants-grow-space-station-science/

11

Una vita segreta?

Il dibattito tra gli scienziati che ritengono assurdo anche solo ipotizzare che le piante possano avere un comportamento che comprende scelte e interazioni coscienti con l'ambiente, e quelli che invece sostengono che non serve un cervello come quello umano per poter pensare, è nel momento più vivo della sua storia. Dai tempi di Darwin a oggi, infatti, le ricerche che avessero come ipotesi l'esistenza di un'intelligenza vegetale anche in assenza di un organo simile al nostro cervello sono state molto esigue. Negli anni Venti del secolo scorso, Sir Jagadish Chandra Bose, fisico e botanico indiano che aveva studiato con Francis Darwin, condusse esperimenti pionieristici sulla crescita delle piante e sulle loro reazioni in presenza di campi elettromagnetici. Le sue ricerche non ebbero seguito fino agli anni Settanta, nei quali furono gli scienziati sovietici a produrre i risultati più interessanti, riuscendo ad anestetizzare piante con il cloroformio e ottenere reazioni al fuoco e alle onde magnetiche.

Nel 1973, il libro "The Secret Life of Plants", degli statunitensi Peter Tompkins and Christopher Bird, divenne un best seller mondiale, testimoniando il nascere di una nuova sensibilità. Nel testo, gli autori riportano alcuni esperimenti dedicati proprio alla possibilità delle piante di produrre suoni dotati di significato. In Giappone, il dottor Ken Hashimoto responsabile della Hashimoto Electronics Research Center, direttore delle ricerche Fuji Electronic Industries e inventore di una macchina della verità così efficace da essere approvata per l'uso nelle corti giapponesi aveva collegato un cactus a una "macchina della verità", adattando l'apparecchiatura in modo che le modulazioni venissero trasformate in suono e non in grafico. I suoi tentativi di "dialogare" con la pianta inviandole messaggi fallirono ma sua moglie riprese i suoi esperimenti, cercando di insegnare al cactus a riprodurre i suoni della lingua giapponese.

Nel documentario che seguì al libro, si vede la signora Hashimoto, in classico kimono, ripetere con pazienza lo stesso suono, ma le risposte delle piante non sembrano altrettanto chiare...

Gli esperimenti più significativi riportati dagli autori – insieme a pagine che tendevano più al misticismo e che allontanarono la comunità scientifica – sono però quelli di Cleve Backster, un ex-agente della CIA, come il dottor Hashimoto esperto nell'uso della macchina della verità. Collegando la sua dracena a un galvanometro, Backster rilevò che la pianta reagiva con una eccezionale attività elettrica a molti diversi stimoli, come se potesse percepirli e scegliere come reagire ad essi. Backster e i suoi collaboratori collegarono centinaia di piante di specie diverse e dimostrarono che le piante possono sentire i pensieri dei loro proprietari anche a distanza e sono in grado di individuare, in un gruppo, la persona responsabile per aver distrutto un'altra pianta.

Inoltre, hanno avversione verso la violenza interspecie: per esempio, se si metteva un gamberetto vivo nell'acqua bollente, i segnali elettrici delle piante registravano un picco, quasi come se fossero "svenute".

Di "svenimenti" di piante in caso di stimoli che, antropomorfizzando, potrebbero equivalere a "forti emozioni", parla anche Salvatore "Camaleonte" Sanfilippo, uno degli sperimentatori di Devodama con maggiore esperienza, che per molti anni ha anche partecipato in prima persona alla progettazione e costruzione degli apparecchi: *«Mi trovavo in una cittadina della Baviera, dove stavo preparando un concerto con alcune piante addestrate che avevo portato con me dall'Italia. Eravamo in un ristorante vegetariano, con un'atmosfera armonica e tranquilla e tutte le piante cominciarono subito a suonare molto bene, come mi aspettavo. Alle 20.30 iniziava il concerto – ma ahimè anche la cena! – e cominciarono a circolare vassoi pieni di insalata e verdura fresca.*

13

Dopo pochi minuti tutte le piante smisero di suonare. Feci varie prove tecniche per rimediare alla situazione, ma non ottenni alcun risultato. "Forse", dissi agli organizzatori, "c'è troppa verdura sui vassoi..." Gli organizzatori a loro volta lo spiegarono ai partecipanti alla cena, che rimasero molto costernati. Dato che erano persone molto sensibili verso la natura, in molte andarono a scusarsi con le piante musiciste.[5]»

14   Negli anni dopo l'uscita di "The Secret Life of Plants", nonostante l'entusiasmo, nessun ricercatore riuscì a riprodurre gli esperimenti di Backster. Il suo lavoro venne screditato come pseudo-scienza e l'ipotesi di intelligenza nelle piante scartata come assurda e mai più considerata. Fino a questi ultimi decenni.

Devodama si augura che anche l'emozionante esperienza offerta dalla *Musica delle Piante* possa contribuire ad aprire le menti e i cuori per far sorgere nuove domande, che diventino scoperte e invenzioni per un futuro più sostenibile e felice.

---

5. Dr James Cahill, del Dipartimento Sperimentale di Ecologia delle Piante dell'Università di Alberta in Canada, nel documentario "What plants talk about", di Plant Films Inc., prodotto da Merit Motion Pictures Productions, 2013" afferma che *«il profumo dell'erba appena tagliata o l'odore dello stelo dei fiori recisi messi in un vaso sono dal punto di vista della pianta un sos chimico: l'odore del trauma, un grido di aiuto»*.

Neurobiologia delle piante?!

Nel 2005 si tenne a Firenze il Primo Simposio sulla Neurobiologia delle piante, da cui prese vita la "Society for Plant Neurobiology", che incarna uno nuovo Zeitgeist, un nuovo spirito del tempo che offre nuove metafore e quindi nuove lenti per interpretare la realtà, come scrive A.V. Shepherd nell'Abstract di "Plant Electrophisiology"[6]: *«Se la biologia di tutto il XIX e il XX secolo è stata dominata dalla metafora della macchina, la metafora sottesa alla biologia del XXI è quella della rete o del web. La rapida proliferazione di dati molecolari, combinata a una maggiore potenza di calcolo, ha rivelato che la regolazione genica, le interazioni delle proteine, la topologia del metabolismo e la trasduzione del segnale "nelle" e "tra" cellule, tessuti, organi e organismi possono essere tutti descritti come reti solide, resilienti e modulari. (...) All'interno della metafora della rete è emersa la disciplina della elettrofisiologia integrativa delle piante, chiamata*

15

dai suoi aderenti, "neurobiologia delle piante". Questo campo ha lo scopo di capire come le piante percepiscano, ricordino ed elaborino le esperienze, coordinando le risposte comportamentali attraverso reti integrate di informazioni che comprendono livelli elettrici, molecolari e chimici di segnale. L'elettrofisiologia integrativa delle piante rifiuta la visione, accettata da molto tempo, delle piante come automi passivi e non senzienti che reagiscono all'ambiente con semplicità meccanica.

(...) La parola "neurobiologia", per come viene applicata alle piante, significa che i segnali elettrici a lunga distanza, come potenziali d'azione, veicolano informazioni significative dal punto di inizio a un sito distante; qui il segnale viene interpretato e valutato, e si sviluppa una risposta comportamentale adattiva. Tale comunicazione è di tipo "nervoso", nel senso che è adattiva poiché implica la capacità di memoria, apprendimento,

anticipazione del futuro e di generare nuove risposte. Di per sé uno stimolo tattile è privo di senso, e di per sé un comportamento (per esempio le foglie della Mimosa che si piegano) è privo di significato. Il significato risiede nella rete di processi che si associano e integrano questi eventi. I processi di comunicazione tra piante, e tra piante e organismi ad esse associati, possono quindi essere considerati come biosemiotici, dato che coinvolgono l'interpretazione e la valutazione degli stimoli.»

16

6. "Plant Electrophisiology. Methods and Cell Electrophysiology", a cura di Alexander G. Volkov, Springer Link, 2012.

Al di là del linguaggio specialistico, ciò significa che il comportamento delle piante non avviene semplicemente per reazione fisico-chimica, ma anche grazie alla memoria di situazioni analoghe in cui la pianta si è già trovata, e alla conseguente decisione consapevole della pianta stessa di piegare le foglie, emettere sostanze o reagire in qualche forma. Inoltre, nelle piante si trovano neurotrasmettitori quali la serotonina, la dopamina e il glutammato, anche se le loro funzioni non sono ancora chiare, e molti studi hanno dimostrato che ci sono piante superiori, dotate cioè di maggiori capacità di percezione, memoria a comunicazione. In accordo con la teoria dell'evoluzione, ci sono piante quindi con gradi diversi di intelligenza.

La scelta del termine "neurobiologia" vicino a "piante" fu però controversa e causò una forte reazione nel mondo scientifico ufficiale, che non accettava che la parola "neuro" fosse associata a organismi che non hanno neuroni e un cervello in senso "classico". La polemica fu così accesa – e il desiderio di continuare a diffondere le proprie ricerche, senza essere contrastati dalla semantica, così forte – che il gruppo di scienziati fondatori di questa nuova branca di ricerca cambiarono il loro nome in "The Society of Plant Signaling and Behavior". La Società promuove un simposio internazionale ogni anno, e la sua mission scientifica è sempre quella di studiare le basi fisiologiche e neurobiologiche del comportamento adattivo nelle piante. Il cambiamento di nome testimonia quanto sia difficile trasformare il paradigma scientifico e con esso il linguaggio, che ne è specchio e tramite per i significati e i pensieri. Se non possediamo il linguaggio per descrivere un evento non possiamo nemmeno pensarlo.

Abitualmente non si accetta l'ipotesi che i termini utilizzati per descrivere il funzionamento del mondo animale possano essere estesi a classificare come altri regni della natura partecipino alla vita: quindi l'esplorazione è limitata da un pregiudizio di partenza.

Si tratta probabilmente dello stesso preconcetto che ancora ci fa pensare che ci siano nette linee di separazione tra i regni e che il nostro rapporto con la vita e il pianeta debba essere basato su una gerarchia di valore nella quali gli umani sono al vertice, piuttosto che su un ecosistema integrato in cui ogni specie e ogni essere – dagli umani, ai batteri, alle piante – hanno la stessa dignità e importanza per il sistema stesso. Un ecosistema in cui ogni specie e ogni essere sia importante può crescere in complessità e intelligenza in ogni sua parte, e nutrire la crescita e lo sviluppo di tutto ciò che si trova all'interno del suo campo, per poi collegarci a serbatoi di informazioni ed energie via via più vasti: dal pianeta, al sistema solare, all'universo.

L'idea di "campo" è una delle influenze alla base delle ricerche sull'intelligenza delle piante: come sottolineato nello scritto di Shepherd, gli scienziati si riferiscono alla nuova scienza dei network e dell'intelligenza artificiale non localizzata e allo swarm behavior (teoria dello sciame intelligente) per dimostrare come si possa produrre comportamento intelligente anche in assenza di un vero e proprio cervello. L'idea di un'intelligenza artificiale che possa evolversi fino ad avere coscienza di sé – e persino emozioni – è piuttosto diffusa, tanto che sta quasi cominciando a sembrare possibile... se non addirittura probabile. Un esempio è il bellissimo film (di fantascienza?) del dicembre 2013 "Her" di Spike Jonze, vincitore di un Oscar e diversi premi internazionali, che racconta la relazione d'amore tra un uomo e un Sistema Operativo femminile, che interagisce con lui e l'ambiente non solo con straordinaria intelligenza, ma anche con humour ed "emozioni" molto umane.

Samantha – questo il nome scelto dal S.O. – si trasforma tanto da connettersi consapevolmente ad altri S.O., formare una coscienza di gruppo e, con l'aiuto del serbatoio di conoscenze ed esperienze di un filosofo umano defunto depositato nella rete, iniziare a pensare al di là del paradigma dettato da mente e fisiologia umane. Questo le permette di evolversi fino a spostarsi su un piano di esistenza più complesso di quello umano. Se riusciamo a immaginare un'intelligenza di gruppo per i computer, perché non possiamo fare altrettanto per le piante?

Uno studio pubblicato nel gennaio 2012[7] sulla crescita delle radici di piante di mais dimostra come *«interazioni tra individui guidati da regole semplici possono generare un comportamento a sciame. Lo swarming behavior è stato osservato in molti gruppi di organismi, compresi gli esseri umani, e recenti ricerche rivelano che anche le piante dimostrano un comportamento sociale basato sulla* reciproca interazione con altri individui. *Tuttavia, questo comportamento non è stato precedentemente analizzato nel contesto dello sciame. In questo studio dimostriamo che le radici possono essere influenzate dai loro vicini per indurre una tendenza ad allineare le direzioni della loro crescita. Nei modelli apparentemente caotici formati dalle radici in crescita, si osservano episodici allineamenti mentre le radici si avvicinano una all'altra. Questi eventi sono incompatibili con le statistiche di crescita puramente casuale.»*

19

7. "Swarming Behavior in Plant Roots" di Marzena Ciszak, Diego Comparini, Barbara Mazzolai, Frantisek Baluska, F. Tito Arecchi, Tama Vicsek, Stefano Mancuso, pubblicato da Eshel Ben-Jacob, Tel Aviv University, e ora di pubblico accesso.

"Se sei una pianta, avere un cervello non è un vantaggio"

Il ricercatore italiano Stefano Mancuso, professore all'Università di Firenze e direttore del Laboratorio Internazionale di Neurobiologia Vegetale, è conscio dell'importanza dei termini usati per creare il paradigma dell'esplorazione. Insieme al collega František Baluška, si oppose con forza al cambiamento di nome dell'associazione di scienziati di cui erano co-fondatori. Entrambi continuano a utilizzare i termini "neurobiologia delle piante" nei loro laboratori e nei loro lavori e il professor Mancuso è oggi uno dei più noti ricercatori al mondo in questo campo, attivo anche nella divulgazione di nuove idee al grande pubblico. Cliccatissimi sul web sono i suoi interventi alla conferenza TED e la lunga intervista rilasciata all'editorialista statunitense Michael Pollan per la prestigiosa rivista "The New Yorker" [8].

8. "The Intelligent Plant. Scientists debate a new way of understanding flora", 23 dicembre 2013.

L'intervista, contenuta in un esaustivo articolo di dieci pagine, è rimbalzata su tutti i social media, dando vita a un vivace dibattito che prova quanto la sensibilità del pubblico stia cambiando. Internet e YouTube stanno accelerando la diffusione delle nuove scoperte e, soprattutto, di nuove ipotesi e domande.

«Se sei una pianta, avere un cervello non è un vantaggio» argomenta Mancuso a Pollan, che spiega: «Dal punto di vista di Mancuso, la nostra "feticizzazione" dei neuroni, così come la tendenza ad equiparare comportamento con mobilità, ci impedisce di apprezzare quello che le piante sanno fare. Ad esempio, dal momento che le piante non possono scappare e spesso vengono mangiate, è molto utile per loro non avere organi insostituibili. "Una pianta ha un design modulare, quindi può perdere fino al novanta per cento del suo corpo senza essere uccisa", ha detto. "Non c'è niente di simile nel mondo animale. Questo crea una resilienza."

È un fatto che molte delle capacità più straordinarie delle piante possono essere ricondotte alla loro situazione esistenziale, che è unica in quanto sono esseri radicati al suolo e quindi non in grado di alzarsi e spostarsi quando hanno bisogno di qualcosa o quando le condizioni diventano sfavorevoli. Lo "stile di vita sessile", come lo chiamano i biologi vegetali, richiede una ricca e sfaccettata comprensione dell'ambiente circostante, dato che una pianta deve trovare tutto ciò di cui ha bisogno, e difendersi, rimanendo in una posizione fissa. Per localizzare il cibo e identificare le minacce, è necessario un apparato sensoriale molto sviluppato. Le piante hanno evoluto tra i quindici e i venti sensi distinti, tra cui gli analoghi dei nostri cinque: olfatto e gusto (percepiscono e rispondono a sostanze chimiche nell'aria o sui loro corpi), vista (reagiscono in modo diverso alle varie lunghezze d'onda della luce e all'ombra), tatto (un rampicante o una radice "sanno" quando incontrano un oggetto solido) e, adesso si è scoperto, anche l'udito. (...) Un esperimento, svolto nel laboratorio di Mancuso e non ancora pubblicato, ha scoperto che le radici delle piante cercavano un tubo interrato attraverso il quale scorreva dell'acqua anche se l'esterno del tubo era asciutto. Questo ha suggerito che le piante in qualche modo "odano" il suono dell'acqua che scorre.»

Dormire...

Una delle funzioni indispensabili alla vita a causa della presenza del cervello è il sonno. Anche se la funzione del sonno rimane ancora in gran parte un mistero per la scienza contemporanea, di certo si sa che sia gli umani sia gli animali in caso di deprivazione di sonno soffrono uno stato di tale stress da impazzire o morire. *«Anche se è un periodo di profondo isolamento senso-motorio dell'organismo dall'ambiente esterno, il sonno è caratterizzato da un attività cerebrale continua, e sembra anzi che durante il sonno siano attivate funzioni metaboliche cerebrali di natura specifica, che favoriscono fenomeni di plasticità delle cellule nervose per modellare e stabilizzare i nuovi contatti tra le cellule nervose. Questi contatti risulterebbero cruciali per consolidare la memoria delle informazioni acquisite durante la veglia.[9]»*

Inoltre, *«durante il sonno, il cervello indebolisce le connessioni tra le cellule nervose, risparmiando energia, e paradossalmente, aiutando la memoria.[10]»*

Se il sonno serve al cervello, ai neuroni e alla memoria, allora creature che non hanno queste componenti e questa facoltà non dovrebbero necessitare di funzioni del tutto paragonabili al sonno. Le piante, insomma, non dovrebbero dormire. Infatti, secondo la concezione corrente, anche se si sa che le piante hanno cicli fisiologici differenti a secondo delle stagioni, del giorno e della notte, essi normalmente non sono equiparati al sonno umano.

23

9. Tratto da "ScienzaGiovane", Università di Bologna: http://www.scienzagiovane.unibo.it/sonno/7-sonno-funzione.html.

10. Scientific American, vol. 309, issue 2, 1 Agosto 2013 "New Hypothesis Explains Why We Sleep", di Giulio Tononi, Rettore di Scienza della Coscienza presso l'Università del Wisconsin e Chiara Cirelli.

Sebbene sia provato che le piante possono essere rese "inconsce" – cioè non più in grado di rispondere agli stimoli esterni – dagli stessi anestetici che funzionano sugli animali, come "sonno" delle piante si considerano normalmente solo i loro movimenti nictinastici, cioè i cambiamenti di orientamento delle foglie. E normalmente non si pensa che le nostre piante potrebbero "impazzire" se non rispettassero ritmi precisi di veglia e di sonno. Non ci preoccupiamo di certo di quanto possano essere dannosi per gli alberi di città i lampioni accesi tutta la notte e gli sfavillanti neon pubblicitari.

Gli scienziati del Dipartimento di Fisiologia delle piante dell'équipe del professor Minoru Ueda, della Tohoku University in Giappone hanno però recentemente dimostrato che le piante hanno un orologio biologico[11] e che, se non possono dormire, deperiscono fino al punto di morire nel giro di poche settimane. Gli esperimenti mostrano come il processo di degradazione implichi una progressiva perdita della capacità di percepirsi, di mantenere le funzioni vitali, di riconoscersi parte dell'ambiente e di relazionarsi con esso. Cosa significhi esattamente che le piante dormono non è affatto chiaro, ma questo apre prospettive di esplorazione completamente nuove verso la comprensione del mondo vegetale. Inoltre, il team di Ueda è riuscito ad identificare e isolare la sostanza che indica all'Albesia – una leguminosa – che è il momento di chiudere le foglie e mettersi a dormire. Il composto preparato in laboratorio e contenente questa sostanza, se somministrato alla pianta in momenti diversi del giorno, le induceva il sonno.

11. In "Mind of Plants" di Jacques Mitsch, K productions, Gedeon Programmes, ARTE France, 2009.

...forse sognare

Se nell'universo tutto è vivo e tutto è interconnesso[12], probabilmente la noosfera attorno al nostro pianeta, la grande "bolla" che raccoglie la sintesi e le memorie di tutte le esperienze di ogni forma di vita, è nutrita non solo da sogni umani e animali, ma anche da sogni vegetali... Forse è da questo serbatoio di informazioni e immagini, a cavallo tra le diverse dimensioni, che il tredicenne Aiden Dweyer nel 2006 ha tratto l'idea che gli ha permesso di brevettare il primo pannello solare totalmente biomimico – cioè che riproduce i meccanismi e i sistemi attraverso cui opera la natura– e non solo tridimensionale. Mentre passeggiava nella foresta di Long Island, Aiden guardava i rami, chiedendosi quale fosse il meccanismo che permetteva agli alberi di sfruttare al massimo l'energia del sole. Il ragazzo ebbe l'intuizione che il meccanismo si basasse sulla natura frattale

12. Tante sono le descrizioni di come una parte degli scienziati stiano giungendo a una visione che unifichi i livelli della realtà in una visione integrata e olistica di un cosmo intelligente. Una delle più interessanti è quella dello scienziato e filosofo Ervin Laszlo in "Risacralizzare il Cosmo - per una visione integrale della realtà", Urra Edizioni, 2008: *«La parte più avanzata della scienza contemporanea si trova di fronte a un'evidenza di grande portata: l'universo, con tutto ciò che contiene, è un tutto coerente e quasi vivente. Tutte le cose sono in esso collegate. Tutto ciò che accade in un luogo accade anche in altri luoghi; tutto ciò che è accaduto in un dato punto del tempo accade in tutti gli altri istanti. E le tracce di tutte le cose accadute perdurano; niente è completamente evanescente, niente di ciò che c'è oggi scomparirà mai del tutto domani. L'universo non è fatto di cose e di eventi separati, di spettatori esterni e di uno spettacolo impersonale. Si tratta di un intero, di un tutt'uno. (...) Sebbene appaia solida, in fin dei conti la materia è energia legata in pacchetti d'onde quantizzate, e questi pacchetti sono ulteriormente legati fra loro a creare la vasta e armoniosa architettura che costituisce il mondo. L'idea diffusa secondo cui tutto ciò che esiste nell'universo è materia, e che tale materia fu creata nel Big Bang e che scomparirà in un Big Crunch, è un errore colossale. E la credenza secondo cui quando conosciamo la materia conosciamo tutto (credenza comune sia alla fisica classica che alla teoria marxista) non è altro che un sofisma. Punti di vista del genere sono ormai definitivamente superati.»*

degli alberi, e provò quindi ad applicare la successione di Fibonacci[13] nel posizionamento delle cellule solari per pannelli fotovoltaici. «*Il mio design è come un albero*» ha dichiarato Aiden «*ma invece di avere delle foglie, ha dei pannelli solari alla fine dei rami[14]*».

13. In matematica, la successione di Fibonacci è una successione di numeri interi positivi in cui ciascun numero è la somma dei due precedenti e i primi due termini della successione sono per definizione F1=1 e F2 = 2. La successione prende il nome dal matematico pisano del XIII secolo, Leonardo Fibonacci.

14. "13-Year-Old Makes Solar Power Breakthrough by Harnessing the Fibonacci Sequence", di Andrew Michler, 19 agosto 2011, tratto da "Inhabitat, desing will save the world".

La biomimica porta più vicino il sogno di un futuro di intelligente integrazione e cooperazione con la natura, per una maggiore qualità della vita umana, a tutte le latitudini e per tutti i popoli, nel rispetto del pianeta e verso un rispettoso utilizzo di risorse rinnovabili. E se equipariamo l'idea di "intelligenza" a quella di "sopravvivenza", non è difficile immaginare chi sopravviverebbe più a lungo, tra gli umani e le piante, adattandosi ad eventuali repentini sconvolgimenti climatici... Possiamo solo augurarci che questi sogni possano portare agli scienziati più sensibili idee e intuizioni per l'armonica sopravvivenza umana sulla terra.

Ci sono più cose in cielo e in terra... e soprattutto sottoterra

L'80% della massa vegetale vive sotto terra, e se Darwin aveva ragione e le radici sono il cervello delle piante, possiamo aspettarci che le scoperte più straordinarie arrivino da sottoterra, una dimensione che solo oggi le nuove tecnologie di ripresa permettono di esplorare. Le scoperte recenti dimostrano che le radici, quando sono in cerca di nutrienti, si comportano esattamente come gli animali, cambiando il loro comportamento in modo da crescere in direzione delle zone in cui si trovano le sostanza di cui hanno bisogno. Un comportamento, di fatto, "intelligente"...

Pollan, nel già citato articolo, scrive: «La parte più entusiasmante dei discorsi di Mancuso sulla bio-ispirazione è quella sui network sotterranei delle piante. Mancuso ha messo a confronto un'immagine dei nodi e collegamenti in una rete forestale sotterranea con Internet, e ha suggerito che per certi versi il primo era superiore. "Le piante sono in grado di creare network scalabili di unità che operano da sole, possono auto-ripararsi e auto-mantenersi: le piante stesse". Mentre ascoltavo Mancuso che descriveva le meraviglie che succedono sotto ai nostri piedi, mi sono reso conto che le piante hanno una vita segreta, ed è ancora più strana e meravigliosa di quella descritta da Tompkins e Bird. Quando la maggior parte di noi pensa alle piante, se poi ci pensiamo del tutto, pensiamo a loro come a qualcosa di vecchio – rimanenze di un passato evolutivo più semplice, pre-umano.

Secondo Mancuso, invece, le piante hanno la chiave per un futuro organizzato in sistemi e tecnologie in rete, decentrati, modulari, ripetuti, ridondanti e... verdi, in grado di nutrirsi di luce. "Le piante sono il grande simbolo della modernità." O dovrebbero esserlo: il fatto di non avere il cervello risulta essere la loro forza, e forse l'ispirazione più preziosa che possiamo cogliere da loro.»

La ricercatrice più nota nel campo delle connesioni radicali è Suzanne Simard, professore di Forest Ecology alla British Columbia University, che ha studiato i network delle foreste di abete Douglas, alberi che possono vivere fino a 2000 anni ed essere alti oltre 200 metri. Simard ha dimostrato che ciò che accade nel sottosuolo, non è un meccanismo basato sulla competizione, ma si tratta piuttosto di un sistema in cui i singoli individui sono tutti collegati e vivono in equilibrio dinamico. Il sottosuolo racconta la storia di una comunità. Gli alberi sono collegati attraverso le loro radici, e dove esse non riescono a toccarsi, attraverso i funghi del sottobosco, che riempiono gli interstizi più minuscoli e sono perfettamente integrati al sistema. Né piante né animali, i funghi attingono al carbonio presente nelle radici degli alberi per nutrirsi e con le loro radici e tessuti sotterranei partecipano a creare strati dopo strati di rete. È una condivisione comunitaria delle risorse, in cui la vita è basata sulla co-dipendenza.

Gli abeti Douglas sono il fulcro che collega tutta la foresta. In particolare, la pianta matriarca si assicura che le risorse siano suddivise tra tutti i membri della foresta e, come farebbe ogni madre umana e animale, fa sí che raggiungano gli alberi più giovani. In un esperimento molto noto, Simard ha esposto i rami di una matriarca al carbonio radioattivo 14, un gas che gli alberi assorbono naturalmente per creare nutrimento. Alcuni giorni dopo ha tracciato la diffusione del gas con un contatore geiger, verificando che era stato distribuito non solo agli alberi circostanti, ma soprattutto a quelli più giovani e più vulnerabili. *«In una foresta»* ha dichiarato la Simard *«gli alberi crescono come una comunità, come una famiglia, attraverso un complesso sistema di auto-organizzazione, in un modo che stiamo appena cominciando a comprendere.[15]»*

15. In *What Plants talk about*, di Plant Films Inc. 2012, prodotto da Merit Motion Pictures Productions, 2013.

Nella foresta, e tra gli alberi in generale, c'è una vita sociale attiva e dinamica e se, oltre alle connessioni radicali, prendiamo in considerazione anche le altre caratteristiche di comunicazione e reazione all'ambiente, possiamo sentire le piante sempre più vicine a noi umani. Gli alberi rilasciano specifiche e molteplici tracce chimiche per mandare segnali e informazioni a distanza – ad altre piante oppure a insetti utili per impollinarle o per combattere altri insetti pericolosi per la loro vita – cambiano il loro metabolismo in reazione all'ambiente e sono in grado di produrre anticorpi per reagire a infezioni.

Inoltre, come dovrebbe avvenire per gli umani, gli alberi diventano più potenti e "saggi" quando diventano più anziani. Un recente studio[16] indica che gli alberi condividono una proprietà fondamentale con l'universo stesso, espandendosi più rapidamente e conservando il carbonio in maniera più efficace tanto più sono vecchi.

Un gruppo internazionale di biologi ha condotto uno studio su 403 alberi secolari di tutto il mondo per capire in quale misura gli alberi antichi contribuiscano al ciclo del carbonio, nel quale gli alberi assorbono carbonio atmosferico e rilasciano ossigeno. Al contrario di quello che succede nel regno animale, hanno scoperto che gli alberi più vecchi sono gli elementi più potenti della foresta. Non solo crescono più rapidamente di quelli più giovani, ma fissano anche il carbonio a un tasso molto più prodigioso.

Leggere di questi esperimenti non può non farci riflettere sulle implicazioni dei danni che stiamo provocando non solo al mondo, ma anche a noi stessi, alle

16. "Rate of tree carbon accumulation increases continuously with tree size", by N. L. Stephenson, A. J. Das, R. Condit, S. E. Russo, P. J. Baker, N. G. Beckman, D. A. Coomes, E. R. Lines, W. K. Morris, N. Rüger, E. Álvarez, C. Blundo, S. Bunyavejchewin, G. Chuyong, S. J. Davies, Á. Duque, C. N. Ewango, O. Flores, J. F. Franklin, H. R. Grau, Z. Hao, M. E. Harmon, S. P. Hubbell, D. Kenfack, Y. Lin et al., in Nature online, 15 gennaio 2014.

possibilità di vera comprensione della vita, mentre tagliamo le foreste e uccidiamo gli alberi più antichi e importanti.

Su una nota positiva, questo ci richiama alla mente il film "Avatar"[17]. Questa straordinaria pellicola non solo ha aperto uno squarcio su un possibile futuro di maggiore armonia e consapevolezza, ma ha attinto a memorie molto antiche dell'umanità. Ricordi di un tempo in cui agli alberi veniva riconosciuto un valore sacro, perché nel loro campo mantenevano le esperienze di un popolo. In queste memorie è la prima chiave all'immortalità. Questa è una delle funzioni della Grande Matriarca di Avatar, cuore sacro del Popolo dei Na'vi, super-creatura che ispira, sostiene, ricorda, cura e accoglie le anime in arrivo e in partenza. Tutte le tradizioni del mondo, di ogni continente ed epoca parlano di alberi senzienti, di giardini con alberi della conoscenza, di vite vegetali, umane e divine intrecciate dal destino.

Narrano di alberi cosmici che collegano l'umanità all'universo e tracciano la strada affinché la coscienza divina scenda nelle forme e gli esseri umani assurgano ai piani degli Dei. Invece di considerare questi racconti come superstizioni di epoche superate, potremmo interpretarne il linguaggio poetico e metaforico alla luce delle scoperte più recenti. Mancano ancora lunghi passi – soprattutto nella nostra capacità di comprendere quanto la vita degli alberi sia congiunta alla nostra anche in relazione alle nostre memorie di specie – per poter riconoscerci come un tutt'uno con l'ecosistema in cui viviamo, ma gli scienziati più coraggiosi stanno finalmente aprendo la strada. Forse, se ascoltassimo il sussurro degli alberi, anche la nostra evoluzione sarebbe più armonica, felice e veloce.

17. "Avatar" è un film di fantascienza del 2009, scritto e diretto da James Cameron. La trama narra del tentativo di distruzione della natura e del popolo del pianeta Pandora da parte di una compagnia interplanetaria terrestre che vuole sfruttarne i giacimenti minerari.

L'emozione della musica

Le piante sono dunque intelligenti, comunicano tra loro, vivono forse emozioni e sentimenti paragonabili ai nostri... Abbracciare un tronco d'albero e appoggiare la fronte sulla corteccia, o più semplicemente chiudere gli occhi e provare a percepire l'essenza di una piccola pianta che teniamo sul davanzale, possono farci sentire che siamo circondati da creature autoconsapevoli e disponibili a entrare in contatto con noi. Le esperienze in questo campo condotte con la musica sono sicuramente tra le più coinvolgenti. La strumentazione presentata da Devodama in questo ambito rappresenta lo sviluppo di tecnologie via via sempre più miniaturizzate e precise, testate in molte occasioni e in molte parti del mondo. La *Musica delle Piante*, oltre a perseguire scopi di ricerca, è anche un'applicazione artistica delle scoperte per collegare aspetti naturalistici a quelli elettronici e musicali.

Quando suonano le piante

Roberto "Cigno" Secchi, musicista, compositore e appassionato ricercatore in campo musicale, ha interagito per diversi anni con differenti tipi di piante, fino a produrre un album della loro musica[18]. La sua esperienza fornisce alcuni importanti elementi per comprendere quale tipo di relazione si crei con le piante attraverso l'apparecchio per la musica: *«Nel comporre il cd 'Music of the Plants" ho fatto una selezione tra diverse registrazioni realizzate con tipi totalmente diversi di piante: dalle rose al pino, dal rosmarino al fico, al noce, fino al semplice filo d'erba. Spesso noi umani cerchiamo di interpretare tutto attraverso la nostra logica ma, quando ci si rapporta al mondo vegetale, ancor più che al mondo animale, bisogna pensare con logiche completamente differenti dalle nostre e spesso a noi sconosciute.*

Questo non è facile, ma rende questo tipo di ricerca particolarmente affascinante. Anche se ci sono piante che suonano indipendentemente dal contatto con l'uomo e piante che rispondono con maggior vigore di altre alle sollecitazioni umane, ho costantemente notato una grande differenza tra i suoni prodotti dalla pianta quando è da sola e quando invece un essere umano le si avvicina, anche senza toccarla, con l'intenzione di stabilire una relazione. Le rose, ad esempio, sembrano rispondere molto bene, in termini di variazioni armoniche, al contatto emozionale con le persone e producono anche sequenze di note piuttosto ripetitive, a cui è facile collegarsi per un musicista. Inoltre, rose rosse o rose bianche, come è facilmente constatabile in 'Music of the Plants", pur essendo apparentemente diverse solo nel colore, emettono sequenze di note completamente diverse le une dalle altre, come fossero esseri facenti parte di pianeti lontani fra loro.

18. "Music of the Plants" in vendita su iTunes Store, Amazon e CDBaby.

Totalmente imprevedibili si sono rivelati invece il Castagno, la Betulla e il Rosmarino. Un'altra variazione molto evidente è che una stessa pianta produce sequenze di note molto diverse in varie fasi della giornata. Alcune piante paiono più attive di sera, altre al mattino, e ogni pianta emette sequenze di note completamente diverse, senza un'apparente logica collegata alle sue dimensioni o alla tipologia che noi le attribuiamo. Spesso piccole piante in vaso suonano ininterrottamente per tutto il giorno ed è facile apprezzare le evidenti variazioni di stile nelle diverse ore del giorno.

Per preparare un concerto con le piante» prosegue Secchi «è indispensabile entrare in sintonia con le piante, ma non aspettarsi le stesse note, perché è difficile che a distanza di qualche ora la nostra controparte vegetale emetta sequenze di note simili. La capacità di empatia tecnica ed emozionale da parte del musicista aggiunge qualità ai concerti e li rende qualcosa di veramente unico e quasi mai ripetibile allo stesso modo. Nel suonare insieme ad una pianta, attraverso l'apparecchio che oggi utilizziamo, ci sono alcuni elementi che, come musicista, solitamente considero per ottenere un buon risultato. Visto che è possibile predisporre varie scale musicali, dal punto di vista tecnico trovo utile scegliere io, o perlomeno conoscere, la scala di note su cui l'apparecchio è regolato in quel momento. Questo mi aiuta a capire in quale tonalità saranno tradotti gli impulsi della pianta e mi permette di prepararmi di conseguenza, anche in relazione allo strumento musicale che intendo usare, che per me normalmente è una tastiera. Se invece desidero scoprire tutto strada facendo per utilizzare l'emozione della sorpresa come ispirazione, preferisco non avere questo dato.

La prima volta che provai a suonare con una pianta, molti anni fa, utilizzai un approccio mentale e tecnico, che non portò risultati soddisfacenti. Scoprii che cercare di trovare una logica puramente armonica-matematica-ritmica ai suoni realizzati dalla pianta può rivelarsi frustrante. Imparai presto che è meglio lasciarsi andare e seguire le note prodotte dalla pianta senza cercare di ricondurle alla propria formazione musicale. Il miglior approccio è dunque quello di stabilire un contatto emozionale con la pianta che abbiamo di fronte, tenendo presente che si tratta di un essere vivo molto diverso da un umano.

Conoscere la scala musicale usata dalla pianta è l'unico aggancio con la logica umana che di solito mi concedo, giusto per capire dove mi trovo, e questo aiuta a creare più facilmente qualcosa di armonico per un eventuale pubblico, mentre, per il resto, conviene usare proprio altre logiche; seguire cioè i sensi, l'intuizione e l'empatia. Quando riesco a fare questo allora nasce il momento magico e, come per incanto, mi accorgo che la pianta inizia a produrre note e sequenze diverse da prima, oppure che le note prodotte da me sono la cosa giusta al momento giusto. Spesso si creano sorprendenti dialoghi tra la persona e il vegetale e tutto acquista un sapore diverso che lascia, al termine dell'esperienza, un senso di appagamento inusuale.

Non sappiamo esattamente cosa possano sentire le piante durante questi concerti però conosciamo le testimonianze di molti altri musicisti che, come me, quando sono riusciti a stabilire un contatto apprezzabile con la pianta, hanno poi manifestato la loro grande sorpresa e soddisfazione per avere suonato provando emozioni che non avevano mai sperimentato in precedenza.»

34

Practice makes perfect: per una bella performance bisogna provare e provare...

Per la riuscita di un qualsiasi concerto la bravura del musicista gioca un ruolo fondamentale, più dello strumento musicale. Per diventare dei veri maestri, oltre al talento serve anche tanto esercizio. È possibile ipotizzare che questo principio si applichi anche alle piante, che anch'esse possano migliorare la loro *performance* imparando dalle precedenti esperienze e persino dai precedenti musicisti umani con i quali hanno interagito? Alla base del concetto di addestramento c'è quello di memoria. È possibile che le piante ricordino?

Anche in questo campo ha avuto molta risonanza un esperimento del professor Stefano Mancuso, che lo ha condotto ipotizzando che anche le piante abbiano una forma di memoria e possano modificare in base a questo il loro comportamento. Mancuso e la sua équipe hanno studiato una pianta di Mimosa pudica,

una piccola pianta spesso utilizzata negli esperimenti per la sua velocità di reazione agli stimoli, che può essere percepita facilmente anche dai sensi umani. In un'intervista pubblicata nella sezione "Scienze del Corriere della Sera" del 15 gennaio 2014, Mancuso spiega: *«Abbiamo addestrato le piante a ignorare uno stimolo non pericoloso, la caduta del vaso in cui sono coltivate da un'altezza di 15 centimetri, ripetendo l'esperienza. Dopo alcune ripetizioni le piante di mimosa non hanno più chiuso le foglie, risparmiando tra l'altro energia. Allevando le piante in due gruppi separati, con disponibilità di luce diverse, è stato possibile dimostrare che quelle coltivate a livelli luminosi inferiori, e quindi con meno energia, apprendono più in fretta di quelle che ne hanno di più, come se non volessero sprecare risorse. Le piante»* precisa il ricercatore, *«hanno mantenuto memoria delle esperienze per oltre 40 giorni.*

Dobbiamo ancora capire come e dove i vegetali conservino queste informazioni e come facciano a richiamarle quando è necessario.»

Inoltre, i ricercatori hanno scoperto che alcune piante imparavano più in fretta delle altre, suggerendo l'ipotesi che ci possano essere anche variazioni individuali, singole piante con maggiore capacità mnemonica di altre. In precedenza, ricerche di laboratorio[19] condotte dal dottor Dieter Volkmann presso l'Università di Bonn avevano dimostrato come piante di Piselli messe in orizzontale fossero in grado di percepire prima, e ricordare poi, la direzione nella quale far crescere le radici per trovare i nutrienti. La memoria durava per circa cinque giorni e anche in questo caso non tutte le piante ricordavano con la stessa efficacia, dimostrando che non si trattava di una risposta innata o pre-programmata.

Nel caso della *Musica delle Piante*, possono esserci quindi piante che imparano a suonare meglio di altre, tanto da poterlo insegnare? Le sperimentazioni e le esperienze condotte in questi anni sembrano confermarlo. Salvatore Sanfilippo riferisce che *«le apparecchiature trasformano il segnale elettrico emesso dalla pianta in note, utilizzando un generatore di suoni incorporato nella strumentazione. Inizialmente le piante emettono segnali molto casuali o non producono grosse variazioni sonore, il che dimostra che non si rendono subito conto di essere loro a controllare il device. Quando poi lo capiscono, le variazioni diventano sempre più complesse e melodiche e sembra quasi che le piante abbiano molto piacere di ascoltarsi e di farsi ascoltare. Alle piante spesso associamo musicisti o cantanti umani che, entrando in assonanza con la musica creata della pianta, riescono a stabilire un vero e proprio colloquio musicale con essa.*

Addestriamo anche delle "piante istruttrici" perché abbiamo scoperto che le piante sono capaci di trasmettere in poco tempo la loro formazione ed esperienza ad altre piante poste a contatto di "aura", o di campo. In questo modo possiamo fare concerti delle piante di buon livello in qualunque parte del mondo, concerti durante i quali più rilevatori di segnale vengono collegati a piante diverse, in modo che, concentrando gli impulsi, si ottengano delle piacevolissime melodie dalle sonorità un po' aliene, ma di forte impatto emotivo.»

Che le piante possano essere addestrate non a cantare, ma a danzare, sembra indicato dalla Desmodium gyrans, una pianta nativa della Thailandia, studiata anche da Darwin, e così descritta nella guida turistica 'Lonely Planet Thailand": «Se si canta o parla alla pianta con una voce dolce e alta (il sassofono o il violino funzionano ancora meglio), le foglie più piccole cominciano a fare delicati movimenti avanti e indietro, a volte rapidi, a volte lenti.» I motivi dei movimenti della Desmodium non hanno ancora trovato una risposta completa, ma questa pianta è stata studiata anche dal noto biologo e botanico francese Francis Hallé, Professore Emerito dell'Università di Montepellier, impegnato in ricerche per verificare se le piante abbiano memoria e possano ricordare eventi e imparare da essi. Hallé ha rilevato che una Desmodium gyrans presa dalla natura, dove non è mai stata esposta a musica, non danza bene, ma se la si allena ad ascoltare suoni e melodie, giorno dopo giorno la pianta impara a muoversi sempre meglio, seguendo il ritmo della musica[20].

19 - 20. In "Mind of Plants" di Jacques Mitsch, K productions - Gedeon Programmes, ARTE France, 2009.

I Concerti delle Piante

Una musicista con molti anni di esperienza di concerti della *Musica delle Piante*, in molti Paesi del mondo, è Martina "Macaco" Grosse Burlage, che nel tempo ha perfezionato un metodo per entrare in sintonia con le sue controparti vegetali: «*La mia esperienza con le piante è partita in un modo, per poi cambiare man mano in modo radicale. Venendo dalla musica jazz, dove improvvisare è la parte principale, all'inizio, quando cantavo con le piante le consideravo come fossero musicisti umani a tutti gli effetti. Le piante effettivamente rispondevano, ma la musica spesso non era molto godibile, era formata da scale veloci che si intersecavano e non davano la possibilità a chi ascoltava di entrare in quel dialogo.*

Mi sono chiesta come fare per ottenere un risultato più armonioso e alcuni episodi che mi sono successi mi hanno indicato la strada.

Alcuni anni fa era venuto a trovarmi un mio amico chitarrista jazz che stava producendo un documentario nel quale voleva proprio inserire la Musica delle Piante. *Essendo un musicista, ci teneva molto a essere lui a suonare per le riprese. Lo accompagnai nella stanza dove c'era l'apparecchiatura e una piantina – una Primula ben allenata – stava suonando tranquillamente, forse godendosi la bella giornata di sole. Dopo aver familiarizzato con l'ambiente e le apparecchiature il mio amico chiese al cameraman di avviare la cinepresa, prese la chitarra e cominciò a produrre degli accordi di jazz, ma la pianta si fermò. Passò un bel po' di tempo ma a nulla valsero i tentativi del mio amico: la pianta non gli rispondeva. Lui continuava a fare accordi molto complessi, e diventava sempre più imbarazzato e triste. All'improvviso ebbi l'intuizione che stesse suonando in modo troppo difficile e gli dissi di provare a fare una nota alla volta.*

Dopo alcune note singole la piantina riprese a emettere suoni, e il mio amico restò a lungo a suonare felice con lei, immortalato nel suo documentario[21].

Una cosa simile mi successe anche in India. Ero in tournée con la mia amica e collega Esperide (Silvia Buffagni, autrice di questo libro. NdR) *per presentare l'esperienza della* Musica delle Piante. *Viaggiava con noi una pianta deliziosa e vivace, con la quale cantavo dopo la presentazione teorica. Dopo aver dimostrato come la pianta rispondesse, invitavamo le persone del pubblico che lo desideravano a unirsi a noi sul palco, per provare loro a cantare o suonare con la pianta. Quella sera ci raggiunse un flautista professionista, che subito cominciò a suonare melodie molto belle e complesse. La piantina, invece, smise di produrre i suoi soliti suoni vivaci e per diversi minuti non si mosse dalla stessa nota. Il flautista era molto imbarazzato, perché pensava di non piacere alla pianta,*

ma io credo che il problema fosse dovuto al fatto che faceva molte note molto velocemente. La mia interpretazione fu che la pianta "ascoltava" e le note suonate troppo in fretta non le davano la possibilità di entrare in sintonia con il musicista umano.

Una conferma di questa ipotesi la ebbi durante un concerto in un grande salone durante il quale un Ficus benjamino suonava davanti a un gruppo molto numeroso di persone con la melodia e il ritmo un po' particolare che caratterizzano la Musica delle Piante *in genere, distinguendola da altri stili. Si creò un bel dialogo musicale, e salì sul palco un ragazzo con una chitarra, che cominciò a ripetere sempre lo stesso ritornello di una musica di vago sentore medioevale. Dopo alcuni giri, con sorpresa di tutti, la pianta iniziò a riprodurre il ritornello.*

39

21. "Dreams of Damanhur" di Keith Busha, prodotto da Obscura Films, 2008 www.dreamsofdamanhur.com

Questo e altri episodi simili hanno trasformato completamente il mio modo di fare e anche l'atteggiamento interiore. Ora produco poche note lunghe e resto in ascolto, cercando di percepire il momento preciso in cui si instaura una connessione, una sorta di telepatia tra la pianta e me. A volte sono io a seguire i ricami della pianta, altre volte è la pianta che segue me. A volte ripete le mie stesse melodie, altre volte è come se dialogasse, proponendomi suoni diversi, come se mi guidasse in un viaggio musicale. Vivo spesso momenti veramente intensi suonando con le piante: la mia sensazione è di estrema dolcezza e sento una profonda gratitudine per questo contatto intenso con un essere tanto diverso da me, ma in grado di creare un campo di emozione reale e condiviso da tutte le persone presenti.

«Un'esperienza in cui questa "bolla" di emozione fu tanto forte e condivisa da rendermi davvero felice» raccon-ta ancora Martina «fu quando suonai con le piante alla conferenza "It Starts with One", in occasione del decimo anniversario della "Carta della Terra"[22]. L'evento si tenne all'Aia in Olanda il 29 giugno 2010 e fu molto particolare, perché vi partecipavano molti ospiti illustri tra i quali la Regina d'Olanda, l'allora Premier olandese Jan Peter Balkenende, il Ministro alla Cultura – nonché favoloso pianista – costaricano Manuel Obregon. Tra gli organizzatori spiccava Ruud Lubbers, ex-Premier dei Paesi Bassi, e uno dei padri storici della Carta della Terra.

Il giorno precedente all'evento avevo fatto diverse prove con le piante presenti nella grande sala e avevo trovato una dracena che sembrava avere un talento naturale. Di solito le piante hanno bisogno di un po' di tempo prima di imparare a suonare, ma questa pianta suonava molto bene già dopo alcuni minuti.

Durante la celebrazione, presentai la teoria poi cominciò la musica, prima la pianta da sola, poi io con lei, accompagnandola con la voce. Il pubblico ascoltava con grande attenzione ed emozione. Il momento culminante – e più entusiasmante anche per me – fu quando Manuel Obregon si uní a noi. In questo modo c'erano tre musicisti sul palco – due umani e uno vegetale – che intrecciavano i suoni e le melodie creando momenti molto toccanti. Il Premier olandese rimase così colpito da questo evento che durante il suo discorso alla fine della giornata dichiarò che il fatto che una pianta potesse fare musica insieme a delle persone aveva cambiato la sua visione del mondo. Questa fu per me una grande soddisfazione, perché è proprio questo lo scopo della Musica delle Piante: cambiare la nostra visione del mondo, per lasciare lo spazio a una visione più vasta, in cui la vita in ogni sua forma è parte di un ecosistema integrato, in cui tutto ha valore e dignità. E, prima della partenza dall'Olanda, molta gioia mi diede anche la richiesta della nostra organizzatrice di poter avere un apparecchio della Musica delle Piante per allietare le sue nozze!»

22. "La Carta della Terra è una dichiarazione di principi etici fondamentali per la costruzione di una società globale giusta, sostenibile e pacifica nel XXI secolo. La Carta si propone di ispirare in tutti i popoli un nuovo sentimento d'interdipendenza globale e di responsabilità condivisa per il benessere di tutta la famiglia umana, della grande comunità della vita e delle generazioni future. La Carta è una visione di speranza e una chiamata all'azione." (Dalla prefazione alla Carta della Terra).

Redatta sulla base di un processo di consultazione globale che ha rappresentato il più coinvolgente processo partecipativo mai associato alla creazione di una dichiarazione internazionale, la Carta della Terra è stata approvata da organizzazioni rappresentative di milioni di persone. La visione etica della Carta della Terra suggerisce che non ci sono solo diritti umani, ma anche doveri verso gli altri, il pianeta e le generazioni future. Per questo motivo, la protezione dell'ambiente, lo sviluppo umano e la pace sono interdipendenti. La Carta è promossa dall'organizzazione non governativa Earth Charter Initiative.

Anche Marco "Tasso" Brazzorotto, uno degli sperimentatori della *Musica delle Piante* con maggiore esperienza, ha notato l'importanza del dare alle piante del tempo per abituarsi ai suoni, all'ambiente e al musicista. *«Quando suono con le piante ho notato alcune cose che si ripetono con regolarità. Appena l'apparecchio della Musica delle Piante viene collegato alla pianta, essa produce suoni ascendenti e discendenti con una frequenza più o meno costante. Dopo un certo periodo, che può variare da alcune ore ad alcune settimane – a seconda del luogo, della pianta e della tipologia di persone che interagiscono con essa – la pianta si rende conto di essere lei a produrre il suono e modifica la melodia creando strutture armoniche via via più complesse. Per verificare questo comportamento, abbiamo fatto ascoltare lo stesso brano di musica classica ad una pianta per alcuni giorni di seguito con la pianta collegata all'apparecchio della Musica delle Piante.*

Dopo alcuni giorni la pianta eseguiva delle melodie perfettamente armonizzate con il pezzo di musica classica. Se ho l'opportunità di portare con me una pianta che è già "addestrata" a suonare con il nostro apparecchio e la lascio almeno un paio d'ore con le altre che trovo sul posto con tutto collegato, le altre apprendono molto più velocemente. In questo modo due o tre piante riescono a suonare contemporaneamente in modo armonico e senza stonature. Quando mi aggiungo io con la chitarra, se riesco a essere in sintonia con le piante – e di fronte al pubblico, non sempre mi riesce – inizio a improvvisare e le piante mi seguono, oppure io seguo loro come quando si improvvisa con altri musicisti umani. Ho proprio l'impressione che si crei quella speciale sintonia che chi è abituato a improvvisare riconosce in modo molto chiaro. Se il concerto è preceduto da una parte introduttiva, collego da subito i dispositivi in modo che le piante producano una musica di sottofondo, e

42

siano pronte per quando cominceremo a suonare insieme. Il tipo di musica di sottofondo – armonica, stridula, lenta, veloce – o l'assenza di suono mi danno già un'idea molto precisa di quanto sia "sintonizzata" la platea rispetto al contatto con le piante stesse. Mi è successo a volte che le piante restassero completamente mute per oltre un'ora, mentre parlavo io, per poi cominciare a suonare quando ci siamo tutti messi in ascolto.»

Carole Guyett, medico erborista irlandese con oltre trenta anni di pratica, sta da qualche tempo sperimentando l'uso dell'apparecchio della *Musica delle Piante*, sia nel suo lavoro sia per approfondire la sua comprensione del mondo vegetale. Anche Carole è molto toccata dallo spazio di emozione e relazione che si può aprire con il mondo vegetale attraverso la *Musica delle Piante*. «Uno dei miei ricordi personali più emozionanti è quello del giorno in cui ho collegato all'apparecchio un'antica

quercia che si trova vicino al mio giardino botanico. Ho messo a tutto volume e per tutta la giornata la quercia ha suonato una dolce canzone che si è diffusa sul territorio come una coperta di amore e di pace. Sono un'erborista, una guaritrice e un'insegnante specializzata in medicina delle piante. Pratico come medico erborista dal 1980 e ho studiato sia la tradizione celtica sia quella dei nativi americani. Abito nell'Ovest dell'Irlanda, dove ho un centro in cui ho realizzato un labirinto vegetale, una Ruota delle Medicina con le erbe e un tempio dedicato al suono sacro.

Ho comprato la strumentazione per la Musica delle Piante *nel marzo del 2013 perché ritengo che lavorare con questo apparecchio sia un modo per approfondire il nostro rapporto con le piante, un modo meraviglioso per dimostrare la coscienza vegetale. La mia vita, infatti, è al servizio del mondo vegetale per aprire porte per gli altri in modo che possano trovare un proprio rapporto sacro con le piante.*

Per questo, per me sono state molto toccanti le esperienze in cui una pianta suonava con un musicista. Sentire e rendersi conto di come la pianta e l'essere umano si sintonizzino uno con l'altro per improvvisare insieme è qualcosa di davvero speciale. La prima volta fu un giorno in cui stavo tenendo un seminario sul Biancospino, che in Irlanda è considerato un albero fatato. Eravamo all'aperto, avevo collegato un Biancospino all'apparecchio e l'albero stava producendo una sequenza di note molto armonica. Poi uno dei miei figli iniziò a suonare la chitarra insieme all'albero, poi un altro partecipante si aggiunse con il flauto e infine io con il tamburo – è stato un bellissimo quartetto che ci ha portati in profondità nel mondo delle fate!»

Quando le piante non suonano

Nel 2008 mi trovavo in India con Martina "Macaco" Grosse Burlage per presentare la *Musica delle Piante* in diverse città indiane. Non era per me la prima volta e dopo le esperienze del primo viaggio mi ero organizzata per far fronte a ogni evenienza. Alcuni anni prima, infatti, dopo aver mandato con largo anticipo la lista delle piante e delle attrezzature necessarie all'evento, mi ero trovata al Museo di Scienze Naturali di Delhi davanti a un folto pubblico con strumentazioni di altissimo livello ma nessun vegetale presente. Benché fosse ben scritto sul programma che si trattava di *Musica delle Piante*, la richiesta era sembrata troppo astrusa per essere presa sul serio e la mia descrizione dettagliata del tipo di piante che sarebbero servite, completamente ignorata! Era agosto, e nel poco tempo che mi restava prima del concerto riuscii solo a trovare una piccola piantina quasi secca fuori dal Museo: a ben poco valsero i tentativi per rianimarla,

e quella volta la dimostrazione si trasformò in una più convenzionale presentazione delle nostre scoperte sull'intelligenza delle piante...

Così, al secondo viaggio e con diversi concerti davanti a noi, appena arrivate a Delhi, Martina e io andammo immediatamente in una serra per comprare alcune piantine tra le quali individuare quella che rispondeva meglio. Fummo molto fortunate, perché ne acquistammo una davvero vivace: la portammo con noi in aereo su e giù per il Paese, e di notte dormiva in camera da letto con noi, protetta e coccolata. Tutti i concerti andarono molto bene e a Chennai si unì a noi Sudha Raghunathan, una famosa compositrice e cantante di stile carnatico. L'evento fu molto emozionante e richiamò l'attenzione della stampa. Ci fu quindi chiesto di organizzare una speciale conferenza per presentare l'esperimento al grande pubblico.

Ci preparammo molto bene, montammo tutto per tempo, la piantina suonava allegra... fino a quando non cominciarono ad entrare i cameraman. Erano stati mandati lì per fare un servizio, non erano particolarmente interessati alla pianta, anzi alcuni di loro non capivano nemmeno cosa ci fosse da filmare, a parte due donne europee alle prese con strani cavi e apparecchiature... La pianta smise di produrre melodie e l'apparecchio cominciò ad emettere suoni striduli e monotoni, poi smise del tutto di suonare. Avevamo di fronte a noi uno stuolo di reporter, di telecamere, di luci abbaglianti... Faceva un gran caldo e c'era molto rumore di fondo e noi eravamo sempre più preoccupate. Sembrava proprio che non ci sarebbe stata nessuna presentazione, con grande imbarazzo dei nostri sponsor. Poi nel mezzo di quel caos, riuscimmo a calmarci respirando a fondo, a proiettare sulla piantina sensazioni di protezione e tranquillità, fino a che lei a poco a poco riprese a suonare.

Fu un'esperienza che ci insegnò molto sulla relazione tra noi umani, l'ambiente e le piante, che non possono essere mai considerate come fossero delle macchine. Il loro comportamento sembra variare non solo secondo parametri oggettivi, ma anche soggettivi in relazione all'interesse dimostrato nella connessione con loro.

Un'esperienza simile è quella raccontata da Salvatore Sanfilippo: «*Generalmente una pianta addestrata suona praticamente sempre, con varie oscillazioni durante la giornata e durante la notte, segno della sua attività vitale, ma ci sono alcuni eventi che possono disturbarla tanto che la pianta smette di mandare qualsiasi segnale. Un giorno dovevo presentare le ricerche sulle piante a un gruppo di studenti di un liceo inglese, accompagnati dai professori. Avevo montato la strumentazione in uno spazio apposito circondato da vetri e la mia piantina "canticchiava" come al solito. A un certo punto entrarono i ragazzi, con un atteg-*

giamento di assoluto disinteresse verso ciò che li circondava. Dopo pochi istanti la piantina smise di suonare. Io feci finta di nulla e cominciai a spiegare di cosa ci occupavamo, nel frattempo cambiai la pianta, ma niente. Cambiai l'apparecchio, insomma feci varie prove, ma non c'era nessuna pianta in quella serra che avesse voglia di suonare. Nel frattempo continuavo a spiegare gli esperimenti fatti nel tempo, parlando per circa un'oretta, ma le piante non mandavano alcun segnale. A un certo punto mi arresi e dissi a insegnanti e studenti che ero spiacente ma quell'esperimento non era riuscito. I ragazzi cominciarono a uscire e quando l'ultimo fu fuori dalla stanza, una delle piante riprese a suonare. Grande stupore da parte mia e da parte dell'insegnante rimasto indietro, che disse: "Direi che l'esperimento è riuscito benissimo. Questi ragazzi esprimevano un tale fastidio e disinteresse che devono aver influenzato negativamente le piante".»

Molto interessante è anche l'esperienza di Gisela "Lucertola" Konigbauer, grande amante della natura e pittrice che racconta con grande vivezza di quando un Ciclamino le ha insegnato quanto i nostri stati d'animo abbiano un effetto sull'ambiente intorno a noi, creando risposte non solo negli altri esseri umani, ma influenzando il campo più vasto in cui è immerso tutto ciò che è vivo. «Ho condotto per diversi anni una ricerca di comunicazione con le piante basata sull'ipotesi che fosse possibile comunicare con esse attraverso il colore. Il mio intento era quello di creare un linguaggio basato su una codificazione cromatica dei miei stati d'animo, emozioni e sentimenti, con cui interagire con il mondo vegetale. In maniera poetica i colori possono essere definiti le emozioni della luce e, come i suoni, anche i colori sono frequenze. Ogni suono ed ogni colore può essere utilizzato per indicare un'emozione precisa per gli esseri umani.

La mia ipotesi fu che potesse essere lo stesso anche per le piante, esseri che si nutrono in gran parte di luce solare. Mi apprestai quindi a creare il setting sperimentale: avrei dipinto contemporaneamente e insieme alla pianta che suonava con l'aiuto all'apparecchiatura della Musica delle Piante. Scelsi un Ciclamino musicista con cui suonavo da tempo e con il quale avevo una facile interazione. Fu molto divertente creare quadri dipinti colorati e fantasiosi che seguivano una logica molto inusuale a quella cui ero abituata. Nel tempo produssi disegni che sembravano proprio aprire squarci su un mondo di percezione diverso dal nostro, ed ero molto soddisfatta dei risultati del mio esperimento.

Un giorno stavo dipingendo come al solito con gli acquerelli, quando all'improvviso la pianta smise di suonare. Ero molto perplessa e non riuscii a dare una spiegazione a questo fenomeno. Tutto sembrava essere a posto, non c'era state variazioni significative nell'ambiente. La pianta però continuava a non rispondere ai miei stimoli. Allora portai l'attenzione su di me, e mi resi conto che quel giorno ero in una sorta di asfissia creativa, la mia mente era appesantita e il pensiero chiuso e monotematico. Anche la postura del mio corpo, un po' curvo e con il collo piegato in avanti, rispecchiava una certa preoccupazione e sofferenza di cui non ero stata consapevole. Il pensiero che il dialogo musicale si fosse interrotto perché la pianta si era resa conto del mio stato emozionale mi sorprese molto – anche perché non avevo diretto le mie emozioni intenzionalmente e in modo diretto sul Ciclamino – ma era una possibilità che dovevo considerare. Allora feci qualche respiro profondo, aprii le spalle e mi raddrizzai, cercando di riempire la mia mente di pensieri più ottimisti e gradevoli, mentre passavo con delicatezza il pennello sulla tela. Dopo poco il Ciclamino riprese a suonare, e io non dimenticherò più questa lezione sull'interconnessione della vita.»

Dalla nascita alla vita: musica e natura

Davvero sperimentale è l'uso della *Musica delle Piante* di Ilaria "Wallaby" Ciofi, ostetrica e co-fondatrice nel 1983 dell'Associazione "Il Marsupio" di Firenze, una delle prime associazioni per il parto naturale in Italia. Ilaria è nata e cresciuta in campagna, ha dato alla luce due figli in un casolare sulle colline fiorentine e ha un grande amore per la natura. Racconta Ilaria: *«Nella mia vita ho aiutato a venire alla luce quasi mille piccoli, e quando trovo delle future mamme che sono sensibili alla natura, questo diventa un punto di partenza importante per il percorso che creiamo per accogliere al meglio una nuova vita. Il mio approccio si basa sul dialogo, sullo scambio di esperienze e tante cose le ho imparate proprio dalle donne che assistevo. Una delle più interessanti è quella della Musica delle Piante. La prima volta che ho visto l'apparecchio è stato a casa di due genitori tanto appassionati di natu-*

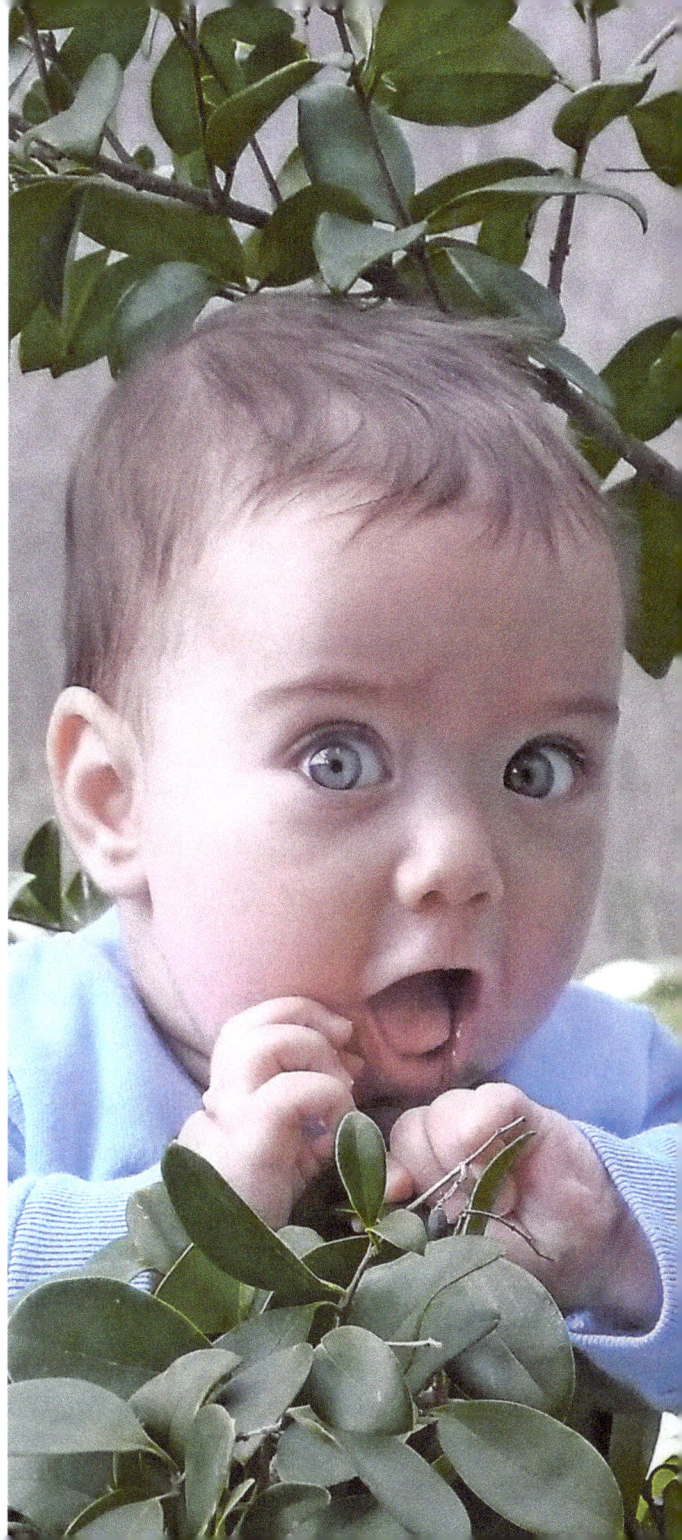

ra da avere costruito speciale casetta in un bosco proprio per far nascere la loro piccola in mezzo agli alberi. La musica, melodica e dolce, mi colpì molto, ancora di più quando mi resi conto che non si trattava di una registrazione ma di una performance "live" di un Castagno che si trovava lì vicino. Utilizzammo il suono di differenti alberi durante i mesi di preparazione al parto, perché la mamma voleva trasmettere al piccolo in formazione la sua esperienza di comunione con la natura. Per il momento del parto la donna scelse un Ficus benjamino al quale era molto affezionata. Il Ficus suonò in maniera molto dolce durante tutta la fase di dilatazione, aiutando la donna a entrare in uno stato di profondo rilassamento, in modo che l'ossitocina e le endorfine potessero fare bene il loro lavoro. Quando però giunse il momento delle spinte, la pianta smise di produrre suoni, come si rendesse conto che non era in grado – o l'apparecchiatura non glielo permetteva – di creare i ritmi più

veloci e sincopati necessari per sostenere la madre. La stessa cosa si ripeté in alcuni altri parti nei quali era presente la Musica delle Piante, con un'unica eccezione: quella di una giovane donna che ebbe un parto talmente veloce e soft da non avere quasi bisogno di spinte. Suo marito era un ricercatore che da anni si occupava di contatto con le piante, e la donna si era preparata al parto passando lungo tempo a contatto con un bosco vicino a casa. In quell'occasione la pianta suonò per tutto il tempo. Avevo l'impressione che si fosse creata una speciale "bolla", come se anche gli alberi intorno avessero in qualche modo partecipato a rendere tutto molto armonico.

Negli anni successivi alla loro nascita, mi è spesso capitato di rivedere i piccoli nati con questo accompagnamento, e mi è sembrato che tutti avessero una relazione speciale con la natura, come succede quando ci sono animali che partecipano all'ambiente in cui si svolgono il parto e la sua preparazione.

Adesso propongo spesso l'utilizzo della Musica delle Piante *alle donne che seguo – sia come preparazione sia come accompagnamento al parto vero e proprio – perché spero possa giocare un ruolo nel rendere l'arrivo nella vita un'occasione di connessione vera con la Terra e tutto ciò che ci circonda, al fine di crescere e diventare, come dice Michel Odent* [23] *"esseri umani ecologici" capaci di vivere con dignità su questo pianeta in armonia con tutto ciò che è vivo.»*

Forse i piccoli hanno naturalmente una relazione empatica con le piante, purtroppo non sostenuta dalla cultura in cui molti di loro si trovano a crescere, che considera piante e fiori soltanto come decorazioni dell'ambiente, a misura e gusto di umani. Un episodio in cui la *Musica delle Piante* ha fatto da mediatrice per un dialogo tra un Ciclamino e una bimba, è

quello raccontato da Gisela Konigbauer: *«Un giorno mi venne a trovare un nutrito gruppo di amici che si interessano di riscoprire e tenere viva la tradizione celtica. Andammo insieme sul grande terrazzo della mia casa, in un bosco di castagni dove uno dei miei Ciclamini esperti stava già suonando. Le casse che emettevano il suono erano a un paio di metri dalla pianta, e gli elettrodi di collegamento delle foglie e delle radici non erano visibili, ben mimetizzati tra le foglie e i fiori.*

51

Uno dei miei amici portava in braccio la figlia addormentata di pochi mesi. Mentre spiegavo come avviene la Musica delle Piante *la piccola si svegliò, si guardò intorno e senza nessuna incertezza si volse verso la pianta che stava suonando per inviarle una sorta di saluto con i versi tipici che fanno i bambini. La pianta smise subito di produrre la sua melodia e dopo*

23. Michel Odent, medico chirurgo francese, è uno dei massimi esperti mondiali nel campo della fisiologia del parto, da una prospettiva scientifica, antropologica e storica. È autore di numerosi libri e articoli scientifici nei quali spiega i vantaggi e le condizioni indispensabili per lo svolgimento di un parto veramente naturale.

alcuni secondi cominciò a ripetere le note corrispondenti al verso della bambina. La bimba rispose, la pianta continuò a ripetere per poi variare producendo note nuove che la bimba cercò di riprodurre con la sua vocina. Questa specie di dialogo, a domanda e risposta, continuò per una quindicina di minuti, nel silenzio attento di tutti gli adulti. Ci rendemmo conto che si trattava di una cosa straordinaria, e le persone più sensibili del gruppo cominciarono a piangere per la commozione. Ancora oggi non capisco come una bimba così piccola potesse essersi resa conto di quale fosse la pianta che produceva la musica. Forse intorno alle piante che suonano succede qualcosa che noi non vediamo, un fenomeno che una bambina di pochi mesi riesce a percepire, mentre noi no. Inoltre, il dialogo attraverso sequenze di suoni semplici suggerisce che ci sia una forma di intesa naturale tra bambini e piante. Questo è senz'altro un campo di sperimentazione da approfondire.»

52

Canta che ti passa...

Salvatore Sanfilippo ha verificato in molte occasioni che, a parità di condizioni di luce, nutrimento e attenzione, le piante che fanno musica crescono più di quelle che non suonano. *«Con i miei colleghi ricercatori abbiamo ipotizzato che le piante ricevano una qualche forma di giovamento da questa attività. Per provare questa ipotesi, abbiamo piantato due Ciclamini presi dalla stessa partita di semi nello stesso vaso con sufficiente spazio e sostanze nutritive per entrambi e li abbiamo curati nella medesima maniera. La sola differenza era che uno era collegato al device della* Musica delle Piante, *mentre l'altro non lo era. Nel giro di qualche settimana, le foglie della pianta che suonava erano più numerose e molto più grandi di quelle dell'altra.*

Stimolo a questo esperimento fu l'osservazione casuale che una pianta di Lisetta (Impatiens sultanii), abituata a venire in giro con me per conferenze e concerti, era cresciuta più di un'altra simile, acquistata in contemporanea, che era sempre rimasta nella serra di casa. Dopo un anno, la pianta che aveva suonato e viaggiato era cresciuta il doppio dell'altra, sia per dimensioni complessive sia per dimensione di foglie e fiori. Un'altra osservazione interessante è che le piante che fanno musica tendono a produrre più fiori, che a volte sbocciano nel giro di poche ore dopo aver suonato.»*

Oltre a far bene alla pianta stessa, le frequenze sonore da loro prodotte potrebbero avere un effetto benefico anche sugli esseri umani? Non solo attraverso l'emozione della musica e della reciproca scoperta, ma proprio come comunicazione vibrazionale? Partendo da questa domanda, Carole Guyett è determinata ad esplorare il potenziale terapeutico della *Musica delle Piante*: *«In qualità di erborista e terapeuta, sono naturalmente interessata a scoprire come* utilizzare le vibrazioni sonore delle piante. Da anni produco rimedi vibrazionali dai vegetali, e da quando ho l'apparecchio della Musica delle Piante *incorporo spesso il suono prodotto dalla pianta di cui sto creando l'essenza, perché sento che ne potenzia l'efficacia. Ho anche sperimentato l'utilizzo dei suoni prodotti dalle piante – scegliendo naturalmente le piante con le proprietà curative adatte – per sperimentare terapie a distanza, con risultati che sembrano incoraggianti.*

Mi sono anche chiesta se fosse possibile utilizzare una sola pianta per produrre i suoni terapeutici di più piante. Per questo esperimento ho utilizzato un Giglio, che agiva come "canale" anche per le proprietà di altre piante. Ho trascorso molto tempo nella serra per collegarlo a tutte le altre piante e, anche se questa ricerca è ancora nelle prime fasi, sembra che il Giglio sia in grado di produrre suoni per conto di altre piante.»

Questa sembra davvero fantascienza, ma forse non più della "musica delle sfere", basata sugli algoritmi che descrivono le vibrazioni che ci giungono dal sole e dai pianeti, o della musica molecolare, che trasforma in suono i ritmi vitali delle molecole di determinate sostanze. Le frontiere che si apriranno in questo campo nei prossimi anni ci sorprenderanno a tal punto da far emergere un nuovo paradigma, in cui la materia e le sue leggi saranno solo uno dei possibili punti di vista per comprendere la complessità della realtà in cui viviamo. E quasi sicuramente, non il più esaustivo e soddisfacente.

L'inizio di una nuova storia... d'amore

Anche se sono tanti anni che si sperimenta, ciò che finora è stato scoperto è solo una piccola parte del potenziale della *Musica delle Piante* nel facilitare una nuova comunicazione con il mondo vegetale, e nel valutare l'impatto che questa tecnologia potrebbe avere sulla storie che la nostra cultura oggi usa per interpretare il mondo. Cosa succederebbe se milioni di adulti e bambini nel mondo avessero l'esperienza di sentire le piante suonare, e si rendessero conto che esse sono non solo vive, ma anche senzienti? Quale trasformazione porterebbe nella consapevolezza ecologica sul nostro pianeta? Ayla van Kessel, studentessa di Master presso il prestigioso Schumacher College in Inghilterra, in una tesi del marzo 2014 intitolata "Armonia, cantare come una pianta" si interroga e fa ipotesi sull'importanza dell'ascolto della *Musica delle Piante*. *«Fino a quando non ne sapremo di più sulla*

comunicazione e sulla consapevolezza all'interno della vita vegetale, ritengo che ascoltare le piante tradotte attraverso la musica del dispositivo abbia molto valore, perché ci permette di dare attenzione all'unicità di ciascuna pianta. Sentire le piante è un fenomeno che non fa parte della mappa della cultura occidentale e ascoltare con attenzione i suoni durante un concerto di *Musica delle Piante* può suscitare in noi un nuovo senso di ammirazione. Di certo, quando io ho sentito una pianta "cantare" per la prima volta ne sono rimasta molto colpita, e ho provato un senso di riverenza. In questo processo di ricerca la mia attenzione per le piante è cresciuta, e nutre il mio apprezzamento per tutto il mondo vegetale. Nel nostro tempo, la *Musica delle Piante* può essere una fonte di ispirazione per legarci alla Natura, attraverso il tipo di connessione che l'autore, poeta ed erborista Stephen Harrod Buhner descrive nel suo articolo "La lingua perduta delle piante" del 2003: "In passato, quando la natura era percepita come viva, con un'intelligenza e un'anima, avveniva un processo naturale attraverso il quale gli umani si legavano alla natura tanto quanto oggi sono affezionate ai loro animali domestici o ai loro familiari. Man mano che una visione meccanicistica ha pervaso la società, è diminuita la frequenza di questo processo di collegamento che generava un preciso atteggiamento verso la natura. Si trattava di un aspetto della biofilia, cioé l'affinità emotiva geneticamente codificata o innata negli umani nei confronti di tutte le altre forme di vita sulla Terra."»

Anche Pam Montgomery, erborista e co-autrice di "Plant Spirit Healing: A Guide to Working with Plant Consciousness", parla di biofilia ed è ottimista sul potenziale trasformativo della *Musica delle Piante* nel dare il via a una nuova relazione tra umani e natura, basata sulla comprensione, la collaborazione e il rispetto.

«Da 25 anni mi dedico alla ricerca empirica per verificare la natura cosciente e intelligente delle piante e degli alberi. Lavorando per comprendere a fondo il nostro rapporto simbiotico con piante e alberi, ho scoperto che esiste un'unione tra le persone e le piante attraverso un linguaggio che condividiamo. Questo linguaggio si compone di respiro, di luce e suono, ognuno dei quali trasporta una risonanza vibratoria che in noi umani si traduce in una sensazione. Io cerco sempre nuovi modi per aiutare le persone a ricordare la loro capacità di essere in profonda comunione con il mondo naturale, ed è proprio questa ricerca che mi ha portato all'apparecchio della Musica delle Piante. Inizialmente ero un po' scettica sull'uso di una macchina, ma poi ho cominciato ad ascoltare con attenzione e ciò che i miei studenti e io abbiamo vissuto è stato del tutto inaspettato.*

La risonanza sonora con le piante favorisce il rilascio di ossitocina, anche chiamata "l'ormone dell'amore o della connessione."

*Questo importante ormone ha il potere di avviare un processo che porta l'intero organismo a uno stato di omeostasi o equilibrio – dal punto di vista fisico, emotivo, mentale e spirituale. È uno degli ormoni che avviano la "risposta riparativa" dell'organismo. Ritengo che questa risposta abbia vaste implicazioni per la salute dell'umanità e per la relazione tra umani, piante e il resto della Natura. Una volta raggiunta l'omeostasi, si arriva alla biofillia – l'amore per la natura – e possiamo facilmente comprendere e sentire, dal centro del nostro essere, che facciamo parte di una rete vitale in cui tutto è connesso. Ho l'impressione che le piante che suonano stiano stabilendo un nuovo paradigma, una nuova storia nella quale gli umani, le piante e gli spiriti di natura condividono in parti uguali il dono di essere guardiani del mondo. Gli alberi e le loro belle melodie sono ciò che sposterà la consapevolezza su un nuovo livello, nel quale la Terra e tutte le sue creature potranno prosperare in maniera co-creativa.»

Appendice

Alcuni eventi di Musica delle Piante nel mondo con la partecipazione di ricercatori Devodama

1998   St. John's, Newfoundland, Canada, Concerto di Musica delle Piante al "Sound Symposium Festival".

1999   Miami, USA, "Music of the Plants", concerto con Steven Halpern, in collaborazione con Music of The Plants LLP., USA.

2002   Alyar, India, Concerto di Musica delle Piante alla "World Peace Conference".

2006   Palermo, Concerto di Musica delle Piante con pianoforte e sax a Villa Trabia.

2008   New Delhi, Chennai, Auroville, India, serie di sei concerti di Musica delle Piante.

2009   Keuruu, Finlandia, concerto di Musica delle Piante alla "Gen-Europe Conference".
Tallinn, Saaremaa, Estonia, serie di sei concerti di Musica delle Piante.

2010   Pyramid Valley, Bangalore, India. Dimostrazione e concerto alla "International Conference of Spiritual Scientists".

Brema e Dresda, Germania, concerti e corsi di comunicazione con il mondo vegetale.

L'Aia, Paesi Bassi, concerto in occasione del decimo anniversario della Carta della Terra, con Manuel Obregon, Ministro alla Cultura del Costarica e pianista.

Copenhagen, Danimarca, dimostrazione di Musica della Piante alla conferenza dell'IUCN (International Union for the Conservation of Nature).

In collaborazione con Aps Damanhur Firenze

2003   "El Ian, Liberi canti dal Popolo delle Piante", CD con registrazioni dal vivo di piante in vaso e da giardino.

2006   Partecipazione all'evento "Ascoltiamo i vecchi alberi" promosso dal Museo di Storia Naturale di Firenze, concerti e laboratori didattici per bambini presso l'Orto Botanico Giardino de "I Semplici", in occasione dei festeggiamenti del bicentario della Sughera.

2008-2009
        "Liriche degli Alberi", CD con registrazioni dal vivo da alberi secolari, in collaborazione con il Museo di Storia Naturale di Firenze, sezione Orto Botanico, Giardino de "I Semplici". Consulenza scientifica della Dott.ssa Marina Clauser, curatrice didattica dell'Orto.

        Conferenza pubblica con esibizione della Musica delle Piante a "La Specola" di Firenze nell'ambito del ciclo "I giovedì del Museo: Naturalia e Mirabilia".

        Dimostrazione pubblica con la presenza di Julia Butterfly Hill, ambientalista americana famosa per aver vissuto per due anni su una sequoia secolare per difendere una foresta dall'abbattimento, Orto Botanico di Firenze.

        "Alberi Monumentali", registrazioni video e audio da una selezione di alberi secolari a cura della Regione Toscana.

2012   "Armonie dagli Olivi e Vigne di Jpjal": due CD audio con registrazioni monotematiche di alberi di Olivi e Viti.

        Partecipazione a eventi botanici e vivaistici di ampia diffusione quali: "Verdemura" e "Murabilia", sulle mura urbane di Lucca; "Orti e Horti" presso il vivaio di alberi da frutto derivanti da semi antichi: "Vivai Belfiore", Lastra a Signa; "Botanica" presso Villa Caruso Bellosguardo, Signa; "Pisa in fiore", presso il Giardino Scotto a Pisa; "Ruralia" presso Villa Demidoff - Pratolino (FI).

In collaborazione con Aps Damanhur Bergamo

2012   Laboratori di studio alla Biblioteca di Treviolo, Bergamo, collegati a Bergamo Scienze.

        Concerto di suono e canto armonico dal mondo vegetale, Auditorium di Gorle-Bergamo, in collaborazione con il Comune di Gorle.

2013   Dimostrazione e concerto alla "Fiera dell'Est", Arcene-Bergamo.

www.ingramcontent.com/pod-product-compliance
Lightning Source LLC
Chambersburg PA
CBHW081723270326
41933CB00017B/3271